LE GÉNÉRAL JOMINI

ÉTUDE

par

C. A. SAINTE-BEUVE

DE L'ACADÉMIE FRANÇAISE.

« Le rôle qu'il joua à cette armée prouve que, si beaucoup de généraux du second rang s'éclipsent au premier, un génie supérieur ne peut rien quand il est forcé de remettre aux autres le soin d'apprécier ses projets et de les exécuter. »

Jomini, *Histoire des Guerres de la Révolution*, tome VI, p. 114. (Sur le rôle du général Bonaparte à l'armée des Alpes, commandée par Dumerbion en 1794.)

DEUXIÈME ÉDITION

PARIS

MICHEL LÉVY FRÈRES, ÉDITEURS

RUE VIVIENNE, 2 BIS, ET BOULEVARD DES ITALIENS, 15

À LA LIBRAIRIE NOUVELLE

—

1869

Droits de reproduction et de traduction réservés.

LE
GÉNÉRAL JOMINI

LE GÉNÉRAL JOMINI

I.

Considérations sur la guerre. — La critique après l'art. — Singuliers débuts de Jomini. — Première carrière en Suisse. — Retour en France; camp de Boulogne. — Campagne d'Ulm. — Jomini envoyé à Napoléon; son *Traité de grande Tactique.*

La guerre a été le premier état naturel de l'homme à l'origine des sociétés : guerre contre les animaux de proie, guerre des hommes entre eux. La faim était la conseillère impitoyable. Puis les haines, les vengeances, le point d'honneur, éternisèrent les guerres entre les familles, les tribus. De race à race et dans les grands mouvements de migration et de conquête, la guerre fut la loi suprême. De droit et de légitimité, n'en cherchez le principe là aussi que dans la nécessité. On partait chaque printemps; chaque fleur de génération, chaque élite nouvelle s'envolait à son tour à travers le monde et par les vastes espaces de la terre habitable, comme disait Homère : on allait tout droit devant soi, au hasard, à la découverte, selon les versants et les pentes, à la rencontre d'un meilleur climat, d'un plus beau soleil, en quête des terres fécondes, des moissons et des vignes là où il y en avait; on avait pour droit sa passion, sa jeunesse, l'impossibilité de vivre où l'on était, — le droit du plus jeune, du plus fort, du plus sobre, sur les races voluptueuses et amollies. La race d'élite et privilégiée entre toutes qui, dès l'origine de son installation dans la péninsule hellénique, se personnifie dans Hercule, dompteur des monstres, dans Apollon, vainqueur de Python, et qui sut de bonne heure réaliser l'idée de royauté et de justice, puis l'idée de cité et de liberté, est celle qui imprima à la guerre sa plus noble forme, la plus héroïque, la plus généreuse, depuis Achille, — ou, pour partir de l'histoire, depuis Miltiade et Léonidas, jusqu'à Philopœmen. Alexandre, Annibal, César, ces géants de la guerre, dépassèrent en tous sens et brisèrent bientôt ce cadre brillant et proportionné de la Grèce, que Pallas dominait du front, que remplissait si bien un Épaminondas, et où l'idée de patrie était toujours présente : ils poussèrent l'art terrible à ses dernières limites et ne laissèrent rien à perfectionner après eux. La guerre qui avait recommencé dans le Moyen-Age par des brutalités pures, et qui longtemps constitua le seul régime universel, essaya en vain de s'ennoblir par la sainteté du but dans les Croisades : ce n'étaient toujours que des masses se ruant à l'aventure, ou des prouesses individuelles se prodiguant aveuglément. La tactique et l'art reparurent en Italie avec la Renaissance. Pour trouver l'habileté jointe au courage et l'une et l'autre au service du droit, il faut longtemps attendre : on ne se sent un peu consolé des horreurs et des carnages de religion au xvie siècle, que lorsqu'on voit Henri IV conquérir en héros son royaume, et Maurice de Nassau maintenir par l'épée sa libre patrie. La guerre se civilisa notablement au xviie siècle, quand l'idée politique, cette autre Minerve, y présida, et que l'objet des combats et du sang versé tendit à une plus juste constitution de l'Europe et à l'équilibre des États entre eux, les plus faibles n'étant pas fatalement écrasés par les plus forts. Gustave-Adolphe n'est pas seulement un rapide et foudroyant vainqueur : c'est le champion d'une cause. L'idée personnelle de gloire chez les souverains comme Louis XIV dénatura bientôt ce qu'il y avait eu de légitime et d'équitable dans la pensée d'un Richelieu : ce règne superbe eut pourtant l'honneur d'offrir l'exemple du plus beau talent et de la plus haute vertu militaire dans Turenne. Vers la fin, l'orgueil du monarque s'attira un terrible vengeur et doué du génie de la grande guerre dans Eugène. Frédéric, à son tour, le roi-conquérant, le roi-capitaine, ne fit du moins ses entreprises et ne livra de sa personne tant de sanglantes batailles que dans une pensée politique semblable à celle de Richelieu, et pour asseoir puissamment son État et sa nation, pour créer une Allemagne du Nord antagoniste et rivale en face du Saint-Empire. Les premières guerres de la Révolution, nées d'un sublime élan, enfantées des entrailles du sol pour le défendre, pour repousser l'agression des rois, nous reportèrent un moment aux beaux jours de l'héroïsme antique ; elles dégénérèrent vite, même en se perfectionnant, mais aussi en s'agrandissant outre mesure au gré du génie et de l'ambition du plus prodigieux comme du plus immodéré capitaine des temps modernes. Les bornes posées par les Alexandre, les Annibal et les César, furent atteintes ou même dépassées, et de nouveau l'on put dire: *Rien au delà!* Depuis lors, sans doute, il y eut encore, — et nous en avons vu, — quelques mémorables guerres; mais les plus heureuses, si l'on excepte la dernière (celle de 1866), n'ont produit pour les vainqueurs que des résultats incomplets, peu décisifs, chèrement achetés, et elles n'ont mis en lumière aucun génie ; l'enthousiasme n'a pas duré, et la pensée pacifique a fait chaque jour des progrès que l'émulation industrielle dans les odieux moyens de destruction n'est certes pas de nature à ralentir. Le bon sens et l'humanité parlent trop haut et par trop de bouches pour ne pas être entendus. Il devient évident que si la guerre a été le premier état naturel de l'homme barbare et sauvage, que si elle a été le triomphe et le jeu de quelques génies prééminents, l'élément nécessaire et l'instrument de grandeur des nations souveraines et des peuples-rois, la paix, avec tous les développements qu'elle comporte, est la fin dernière des sociétés humaines civilisées. Mais, quoiqu'on soit plus d'à moitié chemin, on ne touche pas encore à ce terme désirable. On peut prévoir le moment où, au nom du travail et de l'industrie, la société tout entière se retournera pour marcher résolûment dans cette direction unique ; mais la conversion, dont on a mieux que le pressentiment, n'est pas faite encore. En attendant, la guerre est un de ces grands faits historiques qu'il faut reconnaître et savoir étudier dans le passé : du moment qu'elle cesse d'être une pure dévastation et un brigandage, c'est un art, une science, et digne, à ce titre, de toute l'attention des esprits éclairés.

Ce qu'il y a de singulier et ce qui, à la réflexion, ne paraîtra point pourtant très-extraordinaire, c'est que cette science qui de tout temps a été devinée, comprise et pratiquée par des hommes d'un génie naturel supérieur, et qui, dans les détails d'exécution, a été remaniée et travaillée à l'infini, n'a été rédigée et ramenée à ses vrais principes généraux qu'à une époque très-récente, et quand elle atteignait à ses plus vastes applications. La raison, après tout, en est simple : la haute critique, en quelque genre que ce soit, ne précède pas les chefs-d'œuvre de l'art ; elle les suit.

Ceci nous amène naturellement à parler du général Jomini, mort à Passy le 22 mars 1869, à l'âge de quatre-vingt-dix ans. Jomini, qui semble venu tout exprès pour concevoir et pour exposer la science stratégique à son moment le plus mûr et le plus avancé, est un des plus frappants exemples des vocations premières et des qualités spéciales que la nature dépose en germe dans un cerveau, toutes prêtes à éclore et à se développer au premier souffle des circonstances.

Il n'est pas Français de naissance et de nation, ce qu'il ne faut jamais perdre de vue en le jugeant. Il est Suisse et très-Suisse. Sa famille, comme le nom l'indique, était d'origine italienne (1), mais depuis longtemps établie dans le pays de Vaud. Jomini naquit à Payerne le 6 mars 1779. Son père y était syndic. L'enfant fut mis en pension à Orbe, puis à douze ans à Aarau, dans la Suisse allemande. Ses maîtres furent à peu près nuls. Il montrait des goûts militaires très-prononcés ; mais les circonstances étant

(1) La source principale, et même jusqu'ici unique, pour la biographie du général Jomini est un excellent écrit du major fédéral (aujourd'hui colonel) Ferdinand Lecomte, publié en 1861 (Tanera, éditeur, rue de Savoie, 6). Cette ample notice a été évidemment rédigée d'après les conversations du général, et elle peut être considérée comme une sorte d'autobiographie indirecte. Ayant eu moi-même l'honneur de connaître dans les dernières années le général Jomini, j'ai plus d'une fois entendu de sa bouche le récit des principaux événements qu'il avait à cœur d'éclaircir, et il le faisait presque dans les mêmes termes qu'on retrouve sous la plume du colonel Lecomte.

peu favorables, les régiments suisses en France se trouvant licenciés par le fait de la Révolution, on le destina au commerce. Il apprit tout de lui-même; ses aptitudes allaient le faire réussir. Venu à Paris en 1796, placé dans la maison Mosselmann, puis agent de change pour son compte en société d'un de ses compatriotes, Rochat, il était en voie de faire son chemin dans les affaires, lorsque les premières campagnes de Bonaparte en Italie vinrent raviver toutes ses ardeurs et troubler son sommeil. Il suivait chaque bulletin sur la carte, tenait un petit journal des opérations de guerre, lisait en même temps l'histoire des campagnes du grand Frédéric et entrait avec une facilité merveilleuse dans le sens et l'intelligence de ces grandes opérations qui étonnaient et éblouissaient le monde.

Les incidents imprévus et tout fortuits

en apparence, qui enlevèrent le jeune agent de change à la coulisse de Paris et qui l'amenèrent à être militaire suisse, sont assez piquants, et Jomini se plaisait à les raconter d'un ton de spirituelle ironie. Un chef de bataillon suisse, Keller, qui s'était fait remarquer pour très-peu de chose à Ostende, lors de la tentative de débarquement des Anglais, ayant été appelé au poste de ministre de la guerre dans la nouvelle république helvétique, Jomini le vit à son passage à Paris, et, saisissant l'occasion au vol, il lui demanda de le faire son aide de camp; ce fut même lui qui fournit la voiture et procura l'argent pour leur commun voyage. Ce premier ministre de la guerre ne tint pas et fut remplacé à Berne en arrivant; un autre succéda, puis un autre; Jomini resta auprès d'eux à titre provisoire d'abord, puis définitif, comme chef du secrétariat de la guerre. Il y fut actif, essentiel, et il contribua autant que personne, en ces difficiles et calamiteuses années 1799-1800, à l'organisation de l'armée et de l'état militaire en Suisse, à la réforme et à la refonte des règlements, au bon choix des hommes. Il eut une mission spéciale auprès de la légion suisse pour remédier aux abus d'une première formation et la mettre sur un meilleur pied. Les archives du Palais fédéral à Berne ont conservé ses nombreux rapports. Il possédait la confiance entière du ministre Lanther. Il n'avait que vingt à vingt et un ans, et, pour l'autoriser auprès des troupes, on lui avait donné le grade de chef de bataillon.

Pendant ces travaux où il faisait preuve d'habileté pratique et de connaissance des détails, il avait l'œil aux grands événements qui se déroulaient et qu'il considérait de haut et d'ensemble comme d'un belvédère, ou mieux encore comme du centre d'une fournaise; car la Suisse, en ces années d'occupation et de déchirement, devenue un champ de bataille dans toute sa partie orientale, offrait « l'aspect d'une mer enflammée. » Jomini y suivit de près les fluctuations de la lutte, les habiles manœuvres de Masséna pendant les sept mois d'activité de cette campagne couronnée par la victoire de Zurich, les efforts combinés de ses dignes compagnons d'armes, les Dessolle, les Soult, les Loison, les Lecourbe : ce dernier surtout « qui avait porté l'art de la guerre de montagne à un degré de perfection qu'on n'avait point atteint avant lui. » Mais, s'il estimait à leur valeur les opérations militaires, il ne jugeait pas moins les fautes politiques, et ce qu'il y avait de souverainement malhabile et coupable au Directoire à avoir voulu forcer la nature des choses, à avoir prétendu imposer par décret une unité factice à treize républiques fédérées, à s'être aliéné une nation amie, à avoir fait d'un pays neutre, et voué par sa configuration à la neutralité, une place d'armes, une base d'opérations agressives, une grande route ouverte aux invasions. Le patriote suisse, en Jomini, voyait toutes ces choses et en souffrait. Cependant son coup d'œil militaire se formait à un tel spectacle et acquérait toute son étendue, toute sa sûreté et sa justesse. C'est ainsi qu'il devina, dès la formation de l'armée de réserve à Dijon, le plan de Bonaparte pour la seconde guerre d'Italie, sa ligne d'invasion par le Valais, et, dans un souper à Berne entre officiers, il fit un pari que l'événement, cinq mois après, justifia. Jomini eut de bonne heure cela de particulier d'être organisé pour concevoir et deviner les plans militaires de Napoléon ; on aurait dit que, par une sorte d'harmonie préétablie, sa montre avait été réglée sur celle du grand capitaine, dont il devait être le meilleur commentateur, le critique le plus perspicace et dont il semble, en vérité, qu'il aurait pu être le chef d'état-major accompli ; mais, pour un tel office, j'oublie qu'il joignait à ses qualités un défaut incompatible et incurable : c'était d'avoir en toute occurrence son avis, à lui, et de raisonner. Comme chef d'état-major il eût empiété sur le général en chef, il eût trop pris sur lui.

Ceux qui ont connu Jomini dans sa jeunesse nous le dépeignent comme un caractère vif, chaleureux, un peu susceptible, un peu cassant. Il n'avait rien de la violence ni de la rudesse du métier ; mais il avait l'indépendance de l'esprit et le ressort du caractère, impossible à comprimer chez un homme qui pense et qui tient à ses idées.

En 1801, après la paix de Lunéville, Jomini donna sa démission de sa place au ministère helvétique et revint à Paris tenter la fortune. Il y rentra un moment dans les affaires commerciales, comme intéressé dans une maison d'équipements militaires ; puis, poussé par ses impérieux instincts, il chercha du service actif dans l'armée. Son *Traité de grande Tactique* était commencé ; il espérait s'en faire un titre auprès des militaires en vue. Mais ici il rencontra les éternelles difficultés auxquelles vient se heurter tout homme d'initiative et d'invention au début de la carrière. Il se présenta chez Murat, alors gouverneur de Paris, qui ne manqua pas de le rebuter. Figurez-vous un jeune officier suisse qui, au lendemain de Marengo, a la prétention d'écrire un ouvrage de grande tactique et d'innover en ce genre de littérature militaire : il y avait de quoi faire sourire. Homme d'art et de science avant tout, il eut l'idée dès lors d'entrer au service de la Russie, et il se présenta chez le chargé d'affaires, M. d'Oubril, son manuscrit à la main. Le chargé d'affaires le reçut comme un blanc-bec qui avait l'outrecuidance de vouloir faire la leçon aux Souwarow. Jomini eut beau dire qu'il ne prétendait nullement en remontrer aux grands capitaines, mais simplement les expliquer et les *démontrer*; on lui tourna le dos. Le maréchal Ney, auquel il s'adressa ensuite, eut l'honneur le premier de le comprendre, de l'accueillir : non-seulement il lui avança des fonds pour l'impression de son livre, mais il lui offrit de l'emmener au camp de Boulogne comme volontaire, lui promettant de le faire nommer plus tard son aide de camp. Dès les premiers jours, et pour maint détail de service, il eut à se féliciter de s'être donné un aide aussi entendu et si au-dessus du métier.

Cependant une nouvelle coalition s'était formée : l'armée de Boulogne faisant volte-face devenait soudainement, en quelques jours, et par une évolution savante, l'armée du Danube. Le maréchal Ney, chargé d'une des opérations les plus importantes dans la combinaison de Napoléon, redoubla de confiance pour Jomini, et, depuis le passage du Rhin, il le tint près de lui pour le travail journalier de son cabinet et l'expédition des ordres; il n'aimait pas, et pour cause, son chef d'état-major titulaire, le général Dutaillis, créature de Berthier, celui dont l'abbé de Pradt nous a tracé un portrait au naturel, et des moins flatteurs, dans son *Ambassade de Varsovie.*

La satisfaction dut être grande pour Jomini; il était dès sa première campagne au comble de ses vœux : lui, l'homme de la science, le théoricien enthousiaste du grand art, il se voyait du premier coup initié dans le secret et l'exécution d'une des plus belles manœuvres que le génie militaire pût concevoir ; il lui était donné d'y assister, d'en toucher pour sa part et d'en faire mouvoir quelques-uns des principaux ressorts : mais le rôle n'était pas facile et impliquait à chaque instant bien des délicatesses. Attaché comme volontaire au maréchal Ney, il continuait de porter dans l'armée française l'uniforme suisse ; il avait à transmettre des ordres à de brillants lieutenants du maréchal ; lui-même, Ney, avait ses vivacités, ses brusqueries d'homme de guerre. Ainsi, dès les premiers jours, ayant à expédier un ordre aux divisions Malher (?) et Loison, au delà du Danube, Jomini avait indiqué éventuellement la ligne de retraite. A cette vue, le maréchal s'emporta : « Comment pouvez-vous supposer que des Français conduits par l'Empereur puissent reculer? Les gens qui pensent à la retraite avant le combat peuvent rester chez eux. » Le jeune officier piqué au vif offrait déjà sa démission ; Ney revint vite : ce n'était qu'une boutade.

Le biographe de Jomini, le colonel Lecomte, expose en détail l'action utile de Jomini auprès de Ney, aux environs d'Ulm, sa résistance aux ordres intempestifs de Murat, son ferme conseil à l'appui du bon parti adopté par Ney, et sur lequel roulait le plein succès de cette première campagne : — l'investissement et la capitulation de Mack. Dans les combats vigoureux qui décidèrent le résultat, et où Ney mettant au défi la jactance de Murat se couvrit de gloire, Jomini par sa bravoure personnelle montra qu'il était digne d'un tel chef, et non pas seulement un militaire de chambre et de cabinet.

Le corps de Ney ayant été détaché dans le Tyrol pendant que s'accomplissait ailleurs la seconde partie de la campagne, Jomini fut envoyé d'Inspruck avec des dépêches du maréchal, et il ne rejoignit l'état-major de Napoléon qu'à Austerlitz, le lendemain de la bataille. Comme le *Traité de grande Tactique* s'était imprimé sur ces entrefaites, et que les deux premiers volumes avaient paru, Jomini avait glissé ces volumes dans le paquet des dépêches du maréchal, en y joignant une lettre d'envoi qui appelait l'attention de Napoléon sur un chapitre capital où les dernières guerres, et notamment la campagne de 1800, étaient invoquées et comparées aux opérations du grand Frédéric. En se présentant à l'Empereur comme chargé des lettres de Ney, Jomini se garda bien de dire qu'il était lui-même l'auteur de l'ouvrage. L'Empereur, ayant jeté les yeux sur le rapport du maréchal et sur la lettre de Jomini, lui demanda : « Connaissez-vous l'officier qui m'envoie ce paquet ? » — « Sire, c'est un chef de bataillon suisse faisant fonction d'aide de camp du maréchal. » — « Fort bien. » Et il eut l'ordre d'aller se reposer pour repartir au plus tôt. Il avait remarqué cependant du coin de l'œil que les deux volumes avaient été déposés du côté droit du bureau : c'était le bon côté, le tiroir de réserve. Ce qu'on mettait à gauche était éliminé.

Quelques jours après (il sut tout cela depuis par Maret), pendant que la paix se négociait, l'Empereur était à Schœnbrunn, et, se trouvant dans un de ses rares quarts d'heure de loisir, il dit à Maret : « Lisez-moi un peu ce chapitre de l'ouvrage apporté à Austerlitz par un officier du maréchal Ney. » Et, après avoir écouté quelque temps : « Et qu'on dise maintenant que le siècle ne marche pas! Voilà un jeune chef de bataillon, et un Suisse encore, qui vient m'apprendre, à moi, comment je gagne mes batailles. Ce n'est pas nos... de professeurs de Brienne qui nous auraient dit mot de cela. » Puis, après avoir écouté encore, tout d'un coup interrompant et prenant feu : « Mais comment Fouché laisse-t-il imprimer de pareils livres ? C'est apprendre notre secret aux ennemis. Il faut faire saisir l'ouvrage. » Maret eut quelque peine à l'apaiser et à lui montrer qu'une défense, loin d'étouffer le livre, éveillerait, au contraire, l'attention. Mais ce qui nous importe, c'est l'impression première de Napoléon, approbation ou colère, et celle-ci surtout, qui est le plus flatteur des jugements.

Qu'était-ce au juste que ce premier ouvrage de Jomini dans sa première forme, dans sa première édition ?

Et avant tout, il faut bien se rendre compte de l'état de la science critique militaire en France pour apprécier ce qu'il y introduisit de tout à fait neuf, et qui mérita de faire événement. Si l'on se reporte au XVIe siècle, et en choisissant ce qu'il y a de mieux, on a, par exemple, les Mémoires ou *Commentaires* de Montluc que Henri IV appelait « la Bible du soldat. » Les maximes et préceptes qu'on y trouve ne sont que de détail, et applicables seulement à la guerre de partisan, de pures recettes de stratagèmes : rien qui atteigne l'ensemble des opérations.

Au XVIIe siècle, il s'est fait un grand progrès chez nos historiens militaires, un progrès sensible même pour le simple lecteur instruit. Les Mémoires et les écrits du duc de Rohan marquent un pas, dit-on, dans la science, du moins pour la spécialité de la guerre de montagne. Les divers Mémoires de Monglat, de Saint-Hilaire, l'*Histoire militaire du Règne de Louis le Grand*, par Quincy, donnent assez couramment au lecteur l'intelligence des mouvements qu'ils racontent et qu'ils exposent; mais c'est surtout Feuquières qui est le grand critique de cette époque, et qui passe au crible les opérations de tous les généraux de son temps, sans faire grâce à aucun. Si ignorant du métier que l'on soit, à le lire avec soin, il semble en vérité qu'il ait presque toujours raison, même contre les généraux les plus célèbres.

La critique de détail, chez lui, paraît donc des plus avancées ; mais, malgré tout, la science proprement dite était comme dans l'enfance au commencement du xviiie siècle. Maurice de Saxe, un guerrier par nature et par génie, se mettant à dicter ses *Rêveries,* pouvait dire :

« La guerre est une science couverte de ténèbres, dans l'obscurité desquelles on ne marche pas d'un pas assuré : la routine et les préjugés en font la base, suite naturelle de l'ignorance. — Toutes les sciences ont des principes et des règles, la guerre seule n'en a point... La guerre a des règles dans les parties de détails ; mais elle n'en a point dans les sublimes... Les grands capitaines qui en ont écrit ne nous en donnent point. Il faut être consommé pour les entendre ; et il est impossible de se former le jugement sur les historiens qui ne parlent de la guerre que selon qu'elle se peint à leur imagination... — Gustave-Adolphe a créé une méthode que ses disciples ont suivie, et tous ont fait de grandes choses. Depuis ce temps-là nous avons dérogé successivement, parce que ce n'était que par routine que l'on avait appris : de là vient la confusion des usages où chacun a augmenté ou retranché... Il n'y a plus que des usages dont les principes nous sont inconnus... »

Cela n'empêchait pas les raisonnements à perte de vue; le chevalier de Folard ne s'en privait pas; il y avait dans ses écrits fatras et mélange. Puységur donnait et compilait dans un Traité complet le résumé de son expérience, mais le génie était absent. Frédéric le Grand, par ses actions glorieuses, par une série d'exemples et d'opérations d'un ensemble et d'un ordre supérieurs à ce qui avait précédé, vint renouveler la matière des raisonnements et ouvrit le champ de la théorie : il suscita de nouveaux historiens et des critiques dignes de lui. Un Français, Guibert, parla de lui aux Français avec feu, avec savoir, avec éloquence; mais, dans ses laborieux traités, il fit presque aussitôt fausse route, s'enfonça dans les détails de tactique et d'ordonnance, dans l'école de bataillon, et laissa de côté les grandes vues. « Il était venu, comme l'a remarqué Jomini, un demi-siècle trop tôt; il avait écrit dans un temps où la vraie tactique de son héros était encore méconnue, où un nouveau César n'y avait pas encore mis le complément. » Deux écrivains militaires du plus grand mérite n'avaient pas attendu toutefois le nouveau César pour entendre et commenter Frédéric : Lloyd, un Anglais qui servit avec distinction chez diverses puissances du continent, et Tempelhof, un général prussien, un savant dans les sciences exactes. Ce sont ces deux écrivains militaires que Jomini, jeune, avait surtout étudiés et qu'il s'appliqua, le premier, à faire connaître à la France, en les résumant, les analysant et les mettant sans cesse aux prises dans son Traité. Ce Traité n'est, à le bien prendre, qu'une histoire critique et un examen des campagnes de Frédéric; les principes s'y déduisent chemin faisant à l'occasion des faits. L'auteur n'y perd jamais de vue cette maxime : « *La théorie est le pied droit, et l'expérience est le pied gauche.* » Les guerres de la Révolution lui fournissaient aussi des termes naturels de comparaison et des exemples ; il les empruntait le plus volontiers à la campagne d'Italie de 1796-1797 et à celle de 1800. C'est par où il était neuf et original. Il complétait ainsi la stratégie du grand Frédéric (côté moindre du héros) en la rapprochant de celle de Bonaparte, et par là il sortait tout à fait des détails de tactique secondaire et des discussions stériles où s'était perdu Guibert, pour arriver à la conception réelle des grands mouvements militaires se dessinant avec netteté dans des applications lumineuses.

Cette première édition du Traité de Jomini, d'ailleurs, est pleine encore de tâtonnements dans la forme. L'auteur ne marche que derrière Lloyd et Tempelhof. Ce n'est qu'après les avoir traduits ou analysés qu'il les discute, les réfute ou les approuve. On n'arrive pas du premier coup à la forme la plus simple.

Cette forme définitive, Jomini ne l'a donnée à son Traité qu'à la quatrième édition en trois volumes (1854); mais la première édition, commencée en 1805, continuée en 1806 et les années suivantes, était complète en 1809; elle renfermait tout ce qu'il y avait d'original, y compris le premier volume des *Campagnes des Français depuis 1792*, que l'auteur a bien fait de détacher ensuite pour en former une série à part, tout historique, l'*Histoire critique et militaire des Guerres de la Révolution* (15 vol.).

C'est à ce premier *Traité de grande Tactique*, devenu à la seconde édition (1811) le *Traité des grandes Opérations militaires*, que s'appliquent quelques notes sur la première guerre d'Italie, dictées par Napoléon à Sainte-Hélène. On y lit en tête ces lignes, qui traduisent sa vraie pensée : « Cet ouvrage est un des plus distingués qui aient paru sur ces matières. Ces notes pourront être utiles à l'auteur pour ses prochaines éditions et intéresseront les militaires. » Suivent quelques renseignements précis sur les batailles de Montenotte, Lodi, Castiglione, etc.

Notez que si Jomini, à son début, profitait des illustres exemples du général Bonaparte pour éclairer ses récits et donner à ses jugements sur Frédéric tout leur relief, à sa théorie toute sa portée et son ouverture, il a lui-même en tant qu'écrivain militaire dû aider et servir à Napoléon, quand le captif de Sainte-Hélène s'est plu, à son tour, à retracer en quelques pages fermes l'histoire critique des campagnes de Frédéric. Jomini a également servi comme historien des *Guerres de la Révolution* à M. Thiers qui, dans son premier ouvrage, a marché sur ses traces, et qui a plus d'une fois parlé de lui, dans son *Histoire de l'Empire*, avec considération et haute estime. Si M. Thiers en finances a été un disciple du baron Louis, on peut dire que, dans ses descriptions de guerre, il a été un disciple de Jomini.

Le chapitre de son ouvrage, que Jomini avait eu l'esprit d'indiquer à lire à Napoléon au lendemain d'Austerlitz (le IVe du tome II de la première édition, qui est devenu le XIVe de l'édition de 1851), ce chapitre n'était pas si mal choisi ni fait pour déplaire au nouvel Empereur. Il y était démontré qu'en général les plans primitifs de Frédéric, pour l'entrée en campagne, étaient infiniment inférieurs aux plans accidentels qui lui étaient inspirés dans le cours même de la campagne par la tournure des événements; qu'il était plutôt l'homme des expédients et des ressources que de la conception grandiose première, plutôt le héros de la nécessité et du bon sens que celui de l'imagination hardie et du haut calcul. Ainsi Jomini aurait voulu qu'au début de la campagne de 1756 Frédéric portât à la coalition formée contre lui un coup terrible; qu'entre les trois lignes possibles d'opérations il choisît l'offensive, celle de Moravie, où une grande bataille gagnée lui eût permis de pousser jusqu'à Vienne. Qu'aurait fait Bonaparte en sa place? il se posait cette question et y répondait (1). Sans prétendre faire précisément de Frédéric un Bonaparte et sans lui imposer absolument la même méthode, Jomini, par cette supposition, donnait à mesurer entre eux la distance, la différence initiale et originale des génies, au point de vue militaire. Frédéric n'était pas du tout sacrifié à Napoléon, mais il lui était légèrement subordonné comme

(1) Ce qu'il y a d'assez piquant, c'est que Napoléon, dans son *Précis des Guerres de Frédéric,* tout en n'épargnant pas au roi-capitaine les critiques de détail, lui a donné raison contre Jomini sur ce point; on lit dans les dictées de Sainte-Hélène : « Des écrivains militaires ont « avancé que le roi de Prusse devait pénétrer par la Mo-« ravie sur Vienne, et terminer la guerre par la prise de « cette capitale. *Ils ont tort :* il eût été arrêté par les « places d'Olmütz et de Brünn : arrivé au Danube, il y « eût trouvé toutes les forces de la monarchie réunies « pour lui en disputer le passage, dans le temps que l'in-« surrection hongroise se fût portée sur ses flancs. Une « opération aussi téméraire eût évidemment exposé son « armée à une ruine certaine... »

capitaine. N'oublions pas que Jomini en 1803, quand il composait son livre, était dans la verve et le feu de l'âge; il avait vingt-quatre ans; il était enthousiaste; il était et il allait être de plus en plus, comme il l'a dit, « sous l'impression brûlante de la méthode rapide et impétueuse » de Napoléon. Il n'avait pas vu encore dans le glorieux capitaine qu'il se vouait à servir une seule faute de guerre; il était sous le charme. Frédéric restait pour lui le plus grand des capitaines qui avaient suivi l'ancien système; mais il avait cru devoir montrer ce qu'il eût pu faire en inventant le système nouveau. C'était, selon lui, « l'unique moyen de poser le grand problème, de manière à le résoudre. » Son esprit juste, son jugement essentiellement modéré, en rabattront assez plus tard et bientôt, dès après Iéna et à partir d'Eylau, dès qu'il verra poindre et sortir les fautes et les exagérations du système nouveau et du génie qui l'avait conçu ; il dira alors, en rentrant dans la parfaite vérité :

« Loin de moi la pensée de décider si le *roi légitime* de la Prusse, ne voulant que défendre son trône et son pays, pouvait provoquer, dès 1756, cette révolution immense dans l'art militaire qu'un soldat audacieux autant qu'habile introduisit, quarante ans après, par la force des événements qui l'entraînait ! Je reconnaîtrai même que Frédéric n'était point dans une situation à *jouer un si gros jeu,* et qu'en bornant ses plans à gagner du temps et à empêcher tout concert entre ses formidables ennemis, il prit le parti le plus sage. »

Ce qu'il avait retiré à Frédéric comme général, il le lui rendait amplement comme politique et comme caractère.

Nous continuerons à étudier les travaux et la carrière si souvent contrariée, si accidentée, de Jomini.

II.

Protection de Ney. — Aversion de Berthier. — Entretien avec Napoléon à Mayence. — Jomini attaché au quartier général de l'Empereur. — Campagne d'Iéna. — Mémoire politico-militaire. — Campagne de Pologne. — Jomini à Eylau.

Nous sommes au beau moment pour Jomini. Son étoile semblait toute propice à cette entrée de carrière. Il avait trouvé dans Ney un protecteur qui l'avait apprécié d'emblée, et l'on peut dire qu'il n'en pouvait rencontrer un à qui son genre de mérite s'appliquât mieux et s'adaptât avec plus d'avantage. Ils se convenaient réciproquement. Auprès d'un général plus tacticien (un Soult, un Davout) Jomini eût moins réussi ; il eût été en surcroît ; il eût trouvé la position prise et aurait eu à lutter d'idées et de vues ; d'autre part, auprès d'un guerrier moins intelligent, il aurait pu être moins compris et moins écouté : Ney, par son mélange de fougue militaire et souvent de témérité, mais de coup d'œil aussi et d'esprit, pouvait avoir plus d'une fois besoin d'un bon conseil, et il était homme à en sentir aussitôt la valeur, à en profiter. La faveur de Jomini auprès de lui au début, et durant des années, semble avoir été entière. En lui dédiant son *Traité de grande Tactique,* Jomini y avait inscrit ces mots : *A la Reconnaissance.* Ce n'était que justice. Dans les notes conservées au Dépôt de la guerre, et dont j'ai dû communication à l'amitié du savant conservateur des Archives, M. Camille Rousset, ce ne sont pendant les premiers temps que recommandations et instances de Ney pour appuyer Jomini et pour se l'attacher régulièrement. Ainsi, dès le camp de Boulogne, Jomini demandait à être assimilé aux officiers suisses qui avaient été conservés au service de la France. Cette demande, plus d'une fois renouvelée et s'adressant au maréchal Berthier, ministre de la guerre, était appuyée par le maréchal Ney et accompagnée d'apostilles pressantes :

« Le 21 frimaire an XIII (12 décembre 1804). M. Jomini est un officier extrêmement distingué sous tous les rapports militaires ; il a surtout un talent rare comme officier d'état-major. »

Autre apostille de Ney (janvier 1805) :

« M. Jomini est susceptible par ses talents et son dévouement d'être utilement employé. Je prie Son Exc. le ministre de la guerre de le placer près de moi comme aide de camp capitaine. »

Les demandes de Ney devinrent plus instantes au moment où la campagne d'Ulm fut entamée. Ney écrivait de Gunzburg à l'Empereur, le 20 vendémiaire an XIV (12 octobre 1805), au lendemain de son altercation violente avec Murat et quand il avait pu apprécier l'avantage d'avoir à son côté Jomini :

« Je supplie Votre Majesté de vouloir bien faire employer près de moi en qualité d'aide de camp M. Jomini, chef de bataillon des troupes helvétiques. Cet officier, recommandable par l'étendue de ses connaissances et de son zèle, peut être employé très-utilement dans les armées de Votre Majesté. Je le crois susceptible de devenir un militaire très-distingué... »

Et le 8 brumaire an XIV (30 octobre 1805), il écrivait de Landsberg, dix jours après la capitulation d'Ulm :

« .... Je désire vivement m'attacher cet officier

qui a un mérite réel, et qui, m'ayant suivi comme volontaire depuis un an, n'a cessé de donner des preuves de talent et de courage. »

Ce courage, il en avait fait preuve dans les combats qui avaient précédé la capitulation d'Ulm.

C'est alors que Jomini, si l'on s'en souvient, fut dépêché à l'Empereur, qu'il vit au lendemain d'Austerlitz. A peine revenu auprès de Ney, la demande se réitéra avec rappel de tous les services rendus (1), et un

---

(1) Je mettrai ici cette dernière demande qui résumait les précédentes, et qui établit les services de Jomini dans sa première carrière d'officier suisse avec toute la précision désirable :

« État de services de Henri Jomini, chef de bataillon, né à Payerne, en Suisse, le 6ᵉ mars 1779. — Lieutenant dans les troupes helvétiques en 1798. — Capitaine, le 17 juin 1799. — Chef de bataillon, le 26 avril 1800.

« Le soussigné a servi dans ces différents grades pendant les campagnes de 1799 et 1800, en qualité d'adjoint au ministre de la guerre et à l'état-major général. Il fut

décret daté de Schœnbrunn, 27 décembre 1805, nomma Jomini adjudant-commandant, et l'attacha à l'état-major du 6e corps. Le 31 août 1806, Ney annonçait à Berthier, ministre de la guerre, qu'il avait pris pour

chargé d'organiser 21 bataillons, et de les instruire au service de campagne. Il servit à l'état-major de ces troupes qui ont contribué à la défense de la Suisse aux affaires de Frauenfeld, Zurich, Dettingen; au Grimsel, à la défense du Valais, notamment du Saint-Bernard.

« A l'époque de l'amalgame d'Auxonne, il était en mission, et n'a point été compris dans le nombre des officiers réformés.

« Enfin le soussigné a fait volontairement l'immortelle campagne de cette année. M. le maréchal Ney, qui l'employait comme aide de camp, a bien voulu le citer d'une manière honorable dans le rapport des affaires d'Ulm, qui a été adressé à S. Exc. le ministre de la guerre.

« Salzbourg, le 21 frimaire an XIV (12 décembre 1805).

« JOMINI, chef de bataillon. »

On lit au verso : « Le maréchal Ney, commandant en chef le 6e corps, certifie que le présent état de services est conforme à celui qui a été déjà adressé à Son Exc. le mi-

aide de camp l'adjudant-commandant Jomini.

La situation de Jomini dans l'armée française ayant presque toujours été jalousée, et plus d'une fois remise en question, il n'est pas inutile d'entrer ici dans une explication qui a son importance.

On aura remarqué ce titre d'*adjudant-commandant,* qui n'est guère usité et qui ne se donnait pas en effet dans le langage courant. Jomini, dès ce moment, se qualifia colonel, et c'était ainsi qu'on le désignait

---

nistre de la guerre, légalisé par les chefs de M. Jomini et accompagné des pièces justificatives.

« Je recommande de nouveau à Son Excellence cet officier qui pourra rendre de grands services dans l'état-major des armées de Sa Majesté, et qui a mérité la continuation de son activité par ceux qu'il a déjà rendus à la France à l'époque critique de l'an VII.

« Salzbourg, le 21 frimaire an XIV.

« Le Maréchal Ney. »

habituellement. Les deux titres correspondaient ; celui d'adjudant-commandant ne s'était introduit dans la langue officielle que depuis la réorganisation du corps d'état-major, datant du 10 octobre 1801. Malgré l'équivalence des titres, il y avait pourtant une nuance. Les colonels, à la tête de régiments et menant des troupes, regardaient d'un certain œil les adjudants-commandants d'état-major, colonels par assimilation : de leur côté, ces officiers supérieurs d'état-major tenaient à se dire colonels. Ce fut le cas pour Jomini ; mais, en recourant aux pièces officielles, je suis frappé d'un détail : bien que ces qualifications d'*adjudant-commandant* ou de *colonel* y figurent à peu près indifféremment, et quelquefois l'une et l'autre dans la même pièce, il en est une de juin 1810, que je produirai en son lieu, dans laquelle l'appellation de *colonel* donnée à Jomini a été effacée de la main même du maréchal Berthier, qui y a substitué le titre d'*adjudant-commandant*. C'était tout simplement une taquinerie, et c'est aussi la trace non équivoque d'une malveillance avérée, et que nous prenons sur le fait dans toute sa petitesse.

Pourquoi cette malveillance? Le cœur humain répondra. Berthier, dans ses hautes fonctions et dans son aptitude limitée, flaira de bonne heure en Jomini un talent supérieur, un rival possible auprès de Napoléon; les missions de confiance que Jomini va remplir au quartier général impérial dans les campagnes de 1806-1807 éveilleront surtout la jalousie du major général, qui ne perdra aucune occasion dès lors de rabaisser, de retarder, s'il était possible, et finalement de décourager, d'ulcérer et d'outrer, jusqu'à le jeter hors des gonds, un étranger de mérite, et de l'ordre de mérite le plus fait pour lui porter ombrage.

On était dans les mois qui suivirent la victoire d'Austerlitz et la paix de Presbourg. Le traité avec la Prusse ne se confirmait pas et fournissait matière à de nouveaux conflits. Ney, avec son état-major, occupait le beau château du comte de Stadion, à Warthausen, près Biberach. Jomini venait tous les matins prendre ses ordres, et en même temps raisonner avec lui sur les affaires générales de l'Europe. Il croyait à la guerre prochaine avec la Prusse, et le maréchal n'y croyait pas. A la suite de ces discussions contradictoires, Jomini profita d'une absence du maréchal en congé à Paris, pour écrire et lui adresser un mémoire confidentiel, à la date du 15 septembre 1806 : *Observations sur la probabilité d'une guerre avec la Prusse, et sur les opérations militaires qui auront probablement lieu.* En l'écrivant, il avait l'arrière-pensée peut-être que son travail serait lu par d'autres encore que par Ney. Toujours est-il que ce mémoire mi-parti politique, mi-parti militaire, d'un examen serré et approfondi, présageait l'ensemble des opérations stratégiques qui allaient être dirigées par Napoléon le mois suivant contre l'aile gauche des forces prussiennes. Jomini arrivait à ces conclusions par l'étude même de l'échiquier et par la connaissance des principes qui avaient jusqu'alors inspiré Napoléon dans ses guerres. Un auteur a dit que « la géographie était la maîtresse de la politique. » Jomini, qui cite le mot, et qui l'adopte, savait encore mieux que la géographie est la maîtresse de la guerre. Mais, là comme ailleurs, il faut savoir lire : or, Jomini excellait à lire sur une carte, et, par une sorte de don de nature, il avait aussi le secret de la manière de lire de Napoléon.

Napoléon, d'ailleurs, avait l'œil sur Jomini au même moment, non pas que Ney lui eût communiqué le mémoire de son aide de camp; mais on allait combattre les Prussiens, et Jomini avait étudié à fond dans son livre la méthode et la tactique du grand Frédéric et de ses lieutenants : il pouvait être bon à entendre et à employer. A la veille de l'ouverture de la campagne, il reçut l'ordre, au quartier général de Ney, de se rendre en poste à Mayence et d'y attendre les ordres de l'Empereur. Il y arriva le 28 septembre 1806, au moment même où les cloches à toutes volées saluaient Napoléon arrivant de Paris : il courut au palais de l'archevêque devenu palais impérial, fut introduit dans le cabinet de l'Empereur, où se trouvaient les maréchaux Augereau et Kellermann, et il attendit son tour dans l'embrasure d'une croisée. Les maréchaux congédiés, Napoléon, qui se promenait de long en large, l'avisant tout à coup, lui dit :

— « Qui êtes-vous ? »
— « Sire, je suis le colonel Jomini. »
— « Ah ! oui, je sais ! C'est vous qui m'avez adressé un ouvrage fort important. Je suis charmé que le premier ouvrage qui démontre les vrais principes de guerre appartienne à mon règne. On ne nous apprenait rien de semblable dans nos écoles militaires. Nous allons avoir à batailler avec les Prussiens. Je vous ai appelé près de moi parce que vous avez écrit les campagnes de Frédéric le Grand, que vous connaissez son armée, et que vous avez bien étudié le théâtre de la guerre. Vous pourrez me seconder par de bons renseignements. Je crois que nous aurons plus à faire qu'avec les Autrichiens : *nous aurons de la terre à remuer.* »

— « Sire, je ne pense pas de même. Depuis 1763,

les Prussiens n'ont fait que les tristes campagnes de 1792-1794; ils sont peu aguerris. »

— « Oui; mais ils ont les souvenirs et des généraux expérimentés du temps du grand roi. Enfin nous verrons. »

Cette parole impliquait une nouvelle destination de Jomini, qui rappela à l'Empereur qu'il était premier aide de camp du maréchal Ney et qu'il y avait lieu à le faire remplacer. « J'arrangerai tout cela à la fin de la campagne, répondit l'Empereur; en attendant vous ferez partie de ma maison. » Et représentant qu'il n'avait avec lui ni chevaux ni équipages, Jomini ajouta: « Mais si Votre Majesté veut m'accorder quatre jours, je pourrais la rejoindre à Bamberg. » A ce mot de Bamberg, l'Empereur bondit:

— « Et qui vous a dit que je vais aller à Bamberg?
— « La carte de l'Allemagne, Sire. »

— « Comment, la carte ? il y a cent autres routes que celle de Bamberg, sur cette carte ! »

— « Oui, Sire, mais il est probable que Votre Majesté voudra faire contre la gauche des Prussiens la même manœuvre qu'elle a faite par Donawert contre la droite de Mack, et par le Saint-Bernard contre la droite de Mélas; or, cela ne peut se faire que par Bamberg sur Gera. »

— « C'est bon, répliqua l'Empereur surpris, soyez dans quatre jours à Bamberg, mais n'en dites pas un mot, pas même à Berthier : personne ne doit savoir que je vais à Bamberg (1). »

Bien que toujours aide de camp titulaire du maréchal Ney, Jomini fut donc pendant

---

(1) Je mets l'entretien tel qu'il est dans le livre du colonel Lecomte, et tel que Jomini lui-même aimait à le raconter. Je ferai observer à mon tour qu'il ne faut prendre de ces conversations redites et répétées à loisir, même quand elles sont le plus sincèrement reproduites, que le trait saillant et la physionomie : pour le détail, les inexactitudes et les à peu près s'y mêlent toujours plus ou moins, et la mémoire aussi est une arrangeuse. Ainsi l'on voit aujourd'hui, par la *Correspondance* imprimée de Napo-

cette campagne attaché à l'état-major de l'Empereur ; ce qui n'empêcha point que dès la première journée, à Iéna, Ney ayant commencé l'attaque avec un excès d'ardeur et trop précipitamment, Jomini sollicita la permission de le rejoindre ; ce qu'il fit à Vierzehn-Heiligen au plus fort du danger, lui donnant des renseignements précieux sur la position du reste de l'armée, et par-

léon, que, dès le 5 septembre, c'est-à-dire trois semaines avant cette conversation, Napoléon indiquait à Berthier lui-même la réunion de l'armée vers Bamberg ; le 22, il lui indiquait avec plus de précision la route de l'armée par Aschaffenburg, Würzburg et Bamberg. Il n'y avait donc pas à lui en faire un mystère. Cette ville était assignée pour lieu de rendez-vous, dès le 24, à Murat. Mais cela n'empêchait pas que Napoléon pût s'étonner d'être deviné dans ses ordres confidentiels par Jomini, et les explications que celui-ci donna à l'appui d'un premier mot, échappé comme naturellement de ses lèvres, ne durent pas nuire dans l'esprit de l'Empereur à l'idée qu'il se fit dès lors de sa sagacité stratégique.

tageant l'honneur de l'action à ses côtés. Jomini était de la suite de l'Empereur à son entrée triomphale à Berlin, le 28 octobre de cette année (1806), et il aimait à rappeler ce souvenir, non par vanterie, mais par manière de leçon, et en présence surtout des anniversaires et des contrastes étonnants auxquels il lui fut donné d'assister dans sa longue vie.

Dans cette campagne de sept semaines, qui faisait un terrible pendant à la guerre de Sept-Ans, Jomini put se convaincre de plus en plus de la vérité des principes qu'il avait dégagés de l'histoire des guerres. Toute la bravoure de l'armée prussienne et de ses chefs ne put prévaloir contre la méconnaissance de ces principes. Les vieux généraux de la guerre de Sept-Ans, exhumés après tant d'années et pris pour guides, se trouvèrent à court; ils n'avaient rien appris depuis: « l'âge avait glacé chez eux les qualités qui leur avaient valu du renom, et ne leur avait pas donné le génie, car le génie n'est jamais le fruit de l'âge ni de l'expérience. » Les jeunes, « le prince de Hohenlohe, et Massenbach, son bras droit, avaient tout juste assez d'esprit et de science pour prendre de la guerre ce qu'il y avait de plus faux. » Les manœuvres leur cachaient les vrais mouvements. Napoléon, dans cette étonnante et rapide campagne, « ne fit qu'appliquer presque constamment les principes qui l'avaient guidé jusque-là, et, grâce à la confiante inexpérience des adversaires, il put donner à cette application *toute l'étendue du possible.* » La campagne d'Iéna, comme celle d'Ulm, « devait servir de modèle un jour pour apprendre aux généraux l'art de réunir à propos leurs forces, et de les diviser ensuite quand elles ont frappé : » je dis *modèle*, si tant est qu'il y en ait à pareil jeu ; car tout jeu savant suppose le joueur, tout art suppose essentiellement l'artiste; et la variété, la nouveauté dans l'application, qui se différencie et recommence sans cesse à chaque cas imprévu, c'est l'habileté souveraine, c'est le génie (1).

A côté de Jomini et non pas en contradiction avec lui, un témoin secondaire de cette campagne est à entendre, M. de Fezensac, qui, tout jeune, venait aussi d'être attaché à l'état-major du maréchal Ney et qui faisait le service d'officier d'ordonnance. Les détails dans lesquels M. de Fezensac est

---

(1) On pense bien qu'en pareille matière je ne me mêle pas de dogmatiser pour mon compte ni en mon nom. Je n'ai fait dans la page qu'on vient de lire, et en général je ne ferai que résumer les jugements et emprunter les expressions mêmes de Jomini dans ses différents ouvrages.

entré dans ses *Souvenirs militaires,* sans rien ôter à la grandeur de l'ensemble, font assister toutefois aux misères de la réalité. Ces mouvements si rapides, et de loin si admirés, ne s'obtenaient point sans de grandes irrégularités et d'odieuses violences. L'armée ne s'embarrassait ni des distances, ni des vivres ; elle ravageait le pays. C'était le principe moderne : *nourrir la guerre par la guerre.* Cela mène presque forcément au pillage et à tous les excès. Pendant l'ardente poursuite qui se fit de l'armée prussienne après Iéna dans toutes les directions, le 6ᵉ corps entre autres (celui de Ney) ne lui laissait aucun relâche. Jamais aussi le pillage ne fut porté plus loin que pendant cette route, et le désordre alla jusqu'à l'insubordination. «A Nordhausen en particulier, le colonel Jomini et moi, nous dit M. de Fezensac, pensâmes être tués par des soldats dont nous voulions réprimer les excès. Il fallut mettre le sabre à la main et courir ainsi la ville. Le maréchal en rendit compte à l'Empereur, en demandant l'autorisation de faire dans l'occasion des exemples sévères. » Mais, avant d'en venir à la répression exemplaire, que d'excès, que d'horreurs restent en deçà ! Et le résultat continue de resplendir au loin et d'éblouir, et de s'appeler du nom de gloire !

M. de Fezensac nous apprend aussi de quelle façon le maréchal Ney traitait ses aides de camp, et en général comment le service des ordonnances se faisait dans la grande armée. Cela est à notre portée, et il est bon d'en dire quelque chose.

« Le maréchal Ney nous tenait à une grande distance de lui. Dans les marches, il était seul en avant et ne nous adressait jamais la parole sans nécessité. L'aide de camp du jour n'entrait dans sa chambre que pour affaire de service, ou bien quand il était appelé, et c'était la chose la plus rare que de voir le maréchal causer avec aucun d'entre nous. Il mangeait seul, sans inviter une fois aucun de ses aides de camp. Cette fierté tenait à sa nouvelle situation, au désir de garder son rang. Les premiers maréchaux nommés en 1804 étaient des généraux de la République : la transition était brusque. En 1797, à l'époque du 18 fructidor, le général Augereau reprochait aux officiers de s'appeler *Monsieur :* et quelques années plus tard, les généraux républicains devenaient eux-mêmes maréchaux, ducs et princes. Ce changement embarrassa quelquefois le nouveau maréchal, qui d'ailleurs croyait avec raison que son élévation excitait l'envie. Il crut ne pouvoir se faire respecter qu'à force de hauteur, et il alla quelquefois trop loin à cet égard. Toutefois la familiarité aurait eu de plus graves inconvénients, et, au défaut de la juste mesure, toujours difficile à observer, peut-être a-t-il pris le meilleur parti. Les aides de camp ne s'en plaignaient pas; ils se trouvaient plus à leur aise en vivant ensemble, et se livraient sans contrainte à la gaieté qui caractérise la jeunesse, la jeunesse française, la jeunesse militaire. Nous faisions très-bonne chère, car suivant les circonstances on ne manquait ni de force pour s'emparer des vivres, ni d'argent pour les payer. J'ai souvent admiré comment, en arrivant le soir dans une misérable cabane, le cuisinier trouvait moyen, au bout de deux heures, de nous donner un excellent dîner de Paris. Mais cette manière de vivre avait de grands inconvénients pour notre service : restant étrangers à tout ce qui se passait, n'ayant communication d'aucun ordre, nous ne pouvions ni nous instruire de notre métier, ni bien remplir les missions dont nous étions chargés (1). »

Une première remarque à faire et qui vient aussitôt à l'esprit, c'est combien, dans cet état-major de Ney ainsi gouverné, la situation de Jomini, admis continuellement auprès du maréchal à raisonner et à discuter avec lui, devait sembler à part et tout à fait exceptionnelle. Il était dépaysé dans le salon des aides de camp. J'ai moi-même

(1) *Souvenirs militaires de 1804 à 1814,* par M. le duc de Fezensac (1863), page 116.

entendu raconter au marquis de Saint-Simon, qui était de cet état-major, combien ces jeunes officiers brillants, étourdis autant que braves, s'isolaient de Jomini, de ce confident du maréchal : il avait à leurs yeux le tort d'être à la fois étranger, savant et non viveur.

Mais ce n'est pas tout, et il était à désirer pour plus d'une raison que Jomini devînt bientôt le chef de cet état-major, si laissé à lui-même et si peu conduit. La première fois que le jeune Fezensac eut à commencer son service actif après l'entrée en campagne, le maréchal lui ayant donné un ordre de mouvement à porter au général Colbert :

« Je voulus demander où je devais aller. « *Point d'observations*, me répondit le maréchal, *je ne les aime pas.* » — On ne nous parlait jamais de la situation des troupes. Aucun ordre de mouvement, aucun rapport ne nous était communiqué. Il fallait s'informer comme on pouvait ou plutôt deviner, et l'on était responsable de l'exécution de pareils ordres! Pour moi en particulier, aide de camp d'un général qui ne s'était pas informé un instant si j'avais un cheval en état de supporter de pareilles fatigues, si je comprenais un service si nouveau pour moi, l'on me confiait un ordre de mouvement à porter au milieu de la nuit, dans un moment où tout avait une grande importance, et l'on ne me permettait pas même de demander où je devais aller. Je partis donc avec mon fidèle cheval isabelle, que tant de fatigues ne décourageaient pas plus que son maître, et qui avait de moins l'inquiétude morale de ne pouvoir bien accomplir des missions si singulièrement données... »

On conviendra que, si les plans de campagne étaient admirablement bien combinés, le détail laissait fort à désirer. Ce sont là dans l'exécution d'un tableau les négligences des grands maîtres. Elles sont fortes cependant; elles faillirent avoir leur résultat fatal à Eylau: elles l'eurent à l'avant-veille de Waterloo, dans les ordres expédiés, dit-on, et non parvenus à Ney dès le point du jour du 16 juin, pour occuper les Quatre-Bras. Est-il donc nécessaire que dans une armée bien ordonnée les choses se passent ainsi? Je crois pouvoir affirmer que dans une armée non plus conquérante, non plus individualisée dans un Alexandre, mais toute patriote et toute nationale, elles se passeraient autrement (1).

Après la conquête de la Prusse, Napoléon avait deux partis à prendre: ou bien s'allier

(1) M. de Canouville, un homme de la société, que les gens de mon âge ont connu, et qui avait été attaché à la cour du premier Empire, racontait l'anecdote suivante. Un jour, il vit un de ses amis, un jeune officier d'état-major qui, en descendant l'escalier qui menait au cabinet de l'Empereur, semblait tout occupé à fourrer sa jambe dans l'un des contours de la grille de fer formant la rampe. « Et que diable fais-tu là? » lui dit Canouville. — « Je me donne une entorse, » dit l'officier d'ordonnance. Et il lui montra un ordre qu'il était chargé de porter, écrit de

en Prusse avec le parti français, s'y appuyer, bien traiter cette puissance, la relever, la désintéresser pour l'avenir; ou bien la pousser à bout, l'abaisser sans pitié, poursuivre la guerre contre les Russes et contre les débris de l'armée prussienne en relevant la Pologne. Napoléon penchait vers ce dernier parti, et il commençait dès lors à entrer sans retour possible dans le système d'exagération qui devait forcer tous les ressorts, ceux de la guerre comme ceux de la politique. Jomini, qui était un politique aussi, eut l'idée de raisonner à ce moment, de confier son raisonnement au papier, et de faire une tentative auprès de

la main de l'Empereur et parfaitement illisible. « Et comme il n'y a pas d'explication à demander, ajouta l'officier à l'entorse, j'ai mon excuse, et je le laisse à porter à un plus habile que moi. Qu'il s'en tire comme il pourra! »

l'Empereur. Dans un mémoire adressé plus tard au duc de Bassano, il exposait ainsi sa conduite et sa démarche, qui paraîtra singulière assurément et des plus osées à pareille heure :

« Tout présageait à Berlin, dans les premiers jours de novembre (1806), que l'Empereur voulait entrer en Pologne. Quelques phrases qu'il m'adressa sur la Silésie, où il voulait laisser Vandamme pour faire des siéges, l'ordre donné à l'armée de franchir la Warta, les Polonais arrivant à Berlin en costume national, tout annonçait que nous allions chercher un Pultava. Convaincu par l'étude du système de guerre de l'Empereur et de son caractère que la victoire lui faisait quelquefois outre-passer les bornes de la prudence, je m'avisai de croire qu'une dissertation fondée sur ses propres principes le dissuaderait mieux qu'une autre, et je me décidai à rédiger un mémoire pour lui démontrer que le rétablissement de la Pologne, sans le concours d'une des trois puissances qui l'avaient partagée, était un rêve. Je lui prédis que ce rêve pourrait lui coûter son armée, et qu'en cas d'un succès inespéré il forcerait la

France à d'éternelles guerres pour soutenir cet édifice sans base. Je lui représentai que la simple annonce de ce projet attacherait pour jamais, par des liens indissolubles, la Russie, l'Autriche et la Prusse, que sans cela tant de rivalités diviseraient entre elles. »

Jomini, dans son mémoire, proposait au contraire de pardonner généreusement au neveu de Frédéric le Grand, de lui accorder même le titre de roi de Pologne, s'il voulait s'allier à nous pour conquérir une portion du royaume. La Prusse devenait ainsi un boulevard, au lieu de s'enflammer comme elle le fit, de se miner sourdement sous nos pas, et de devenir contre nous le volcan que l'on sait, un foyer de haine inextinguible. Au point de vue militaire, Jomini insistait sur les chances désastreuses d'une guerre d'hiver dans les marais, sans vivres, sans hôpitaux, sans munitions, sans abri ; l'Autriche épiant l'occasion de déboucher de la Bohême sur nos derrières et de prendre d'un seul coup toute sa revanche. Son mémoire fait, il s'en ouvrit au général Bertrand, qui l'encouragea à le remettre et lui dit en lui serrant la main : « Vous rendrez un grand service à l'armée aussi bien qu'à l'Empereur. » Jomini remit la pièce aux mains de l'huissier du cabinet. On devine aisément le reste et le genre de succès qu'il eut.

Quelques jours après, le corps d'armée du maréchal Ney ayant fait son entrée à Berlin à la suite de la prise de Magdebourg, Jomini accompagna le maréchal au palais avec son état-major dont il faisait titulairement partie. L'Empereur, l'apercevant dans le groupe, l'apostropha : « Ah ! vous voilà,
« monsieur le diplomate, je vous connais-
« sais bien comme un bon militaire, mais

« je ne savais pas que vous fussiez un mau-
« vais politique. »

Jomini ne laissa pas de rester toute cette campagne dans la confiance du maître. Les événements furent loin de lui donner tort, et ils faillirent lui donner trop raison. La campagne d'hiver contre les Russes n'amena dans sa première partie aucun résultat. Les ébauches et les velléités de combinaisons n'eurent pas de suite: et que peuvent les plus belles combinaisons du monde sur un sol détrempé et dans les fanges? «Tout le pays n'était qu'une vaste fondrière où nous enfoncions jusqu'au cou.» Soyez donc héros ou tacticien sur ce pied-là. C'était bien le cas de dire que les opérations manquaient par la base.

L'armée prit ses cantonnements, et l'on put se croire en repos jusqu'à la belle saison. Jomini se remettait à l'étude, et il datait de Varsovie, 4 janvier 1807, la reprise de son grand ouvrage (le tome III). Cependant Ney qui, avec Bernadotte, formait la gauche de l'armée, ne pouvait rester immobile. Le besoin de se procurer des vivres, et aussi l'humeur ardente, le désir de gloire, le poussaient sans cesse, du côté de Kœnigsberg, à des mouvements et à des entreprises que l'Empereur n'avait pas ordonnés. Il fallait pourtant les expliquer, en donner les motifs ou les prétextes, et à cet effet il dépêcha le 15 janvier M. de Fezensac au quartier général de l'Empereur à Varsovie. L'aide de camp, arrivé après mille traverses, n'y resta qu'un jour, et l'Empereur le renvoya à Ney le 18 avec le colonel Jomini, chargé d'une mission particulière et verbale pour le maréchal. Napoléon, irrité de la lettre de Ney, lui faisait signifier par Jomini son mécontentement en des termes fort durs qui nous ont été conservés :

« Que signifiaient ces mouvements qu'il n'avait point ordonnés, qui fatiguaient les troupes et qui pourraient les compromettre? Se procurer des vivres? S'étendre dans le pays? entrer à Kœnigsberg? C'était à lui qu'il appartenait de régler les mouvements de son armée, de pourvoir à ses besoins. Qui avait autorisé le maréchal Ney à conclure un armistice (*à Bartenstein, avec les Prussiens*), droit qui n'appartenait qu'à l'Empereur généralissime? On avait vu pour ce seul fait des généraux traduits devant un conseil d'enquête. »

Le colonel de vingt-huit ans et l'aide de camp de vingt-trois firent route ensemble, et voyant à quelle nature d'homme comme il faut il avait affaire, Jomini ne lui fit pas mystère de sa mission. Il ne lui dit pas tout cependant, car il portait aussi des ordres qui se rattachaient déjà à un nouveau plan de l'Empereur.

Les mouvements des Russes en effet nous

obligeaient, bon gré, mal gré, à une seconde campagne d'hiver. Napoléon, dans la situation extrême où il s'était placé, n'avait plus le choix ni l'initiative de l'action, et « c'était l'ennemi cette fois, qui le forçait à lever ses quartiers. » Il forma aussitôt un grand plan dans ses données habituelles : attirer par Bernadotte l'armée russe sur l'extrême gauche, marcher sur ses derrières, la couper de ses communications, l'acculer à la mer, l'anéantir ; — en un mot, recommencer Iéna. Mais on n'avait pas compté sur les contre-temps. Un aide de camp dépêché par Berthier à Bernadotte se laissa prendre avec ses papiers par les Cosaques (1), et le secret fut révélé ; car l'idée d'écrire les or-

(1) Napoléon avait un principe rigoureux, mais qui ne s'observait pas toujours : « Un officier en mission peut perdre sa culotte, mais il ne doit perdre ni son sabre ni ses dépêches. »

dres en chiffres ne vint que plus tard. On trouva les Russes sur leurs gardes et tout préparés; ils furent les premiers à offrir la bataille, à la brusquer. Eylau s'engagea sous de sombres auspices. Bernadotte n'avait pas reçu son ordre; Ney allait-il recevoir à temps le sien? Davout, averti, ne pouvait entrer en scène qu'au milieu du jour. On sait l'affreuse difficulté de cette bataille, où l'on donna en plein dans une armée solide, déterminée à une défense offensive et munie d'une artillerie supérieure. Jomini était à la suite de Napoléon dans le cimetière d'Eylau, et il ne se pouvait pour un observateur de poste plus enviable. Nous donnerons ici la parole au colonel Lecomte, ou plutôt à Jomini lui-même racontant ses impressions successives pendant les diverses péripéties de l'action. — L'affaire s'était engagée vers 9 heures du matin. Soult avait soutenu seul le premier choc de l'ennemi ; puis était venu le corps d'armée d'Augereau qui, ayant donné sans s'en douter entre la réserve de cavalerie des Russes et celle de leur infanterie, s'était vu comme dévoré :

« Le corps d'Augereau avait été détruit et laissait un vide par lequel les Russes s'avançaient directement sur Eylau. Il faisait un temps affreux ; la neige tombait abondamment jusqu'à voiler le champ de bataille et à faire ressortir les feux des troupes comme des éclairs dans une nuit d'orage. Napoléon suivait ces péripéties du haut du cimetière qui dominait une partie du champ de bataille, attendant le moment de faire donner les réserves de la Garde qui l'entouraient.

« Tout à coup, à travers une échappée de neige, on vit une colonne noire qui s'avançait directement en longeant la rue occidentale d'Eylau et en perçant jusqu'au pied du cimetière. Napoléon appelle Jomini et lui dit d'aller voir ce qu'est cette colonne, si c'est Soult ou Augereau. Jomini revint bientôt en disant : « Sire, ce sont les Russes. » — « Bah ! repartit l'Empereur, vous voyez des Russes partout. »

— « Je ne puis pas dire que ce sont des Français, Sire, quand j'ai bien vu des Russes avec leurs longues capotes. » — C'était bien, en effet, une des colonnes russes qui avaient renversé le corps d'Augereau et qui en poursuivaient les débris. — Napoléon appelle un autre officier, le colonel Lamarche, et l'envoie vérifier ce rapport. Celui-ci part, quoiqu'ayant son cheval blessé par un biscaïen devant Napoléon pendant qu'il recevait l'ordre, et revient au bout de quelques minutes dire que c'étaient en effet des Russes. Corbineau, tué un moment plus tard, arrive au même instant et s'écrie précipitamment : *Les Russes !* En effet, ceux-ci étaient déjà arrivés tout près du cimetière. Alors Napoléon fit promptement mettre en batterie l'artillerie de la Garde et alla lui-même vérifier le pointage d'une des pièces contre la colonne, puis il cria à Dorsenne de faire avancer un des six bataillons de la vieille Garde qui restaient seuls en réserve. Deux bataillons se présentent à la fois, mais Napoléon en fait rentrer un avec grande colère, car c'était sa dernière ressource... »

Il y eut un moment des plus critiques. Tout était perdu ce jour-là sans la bonne contenance que fit Napoléon pendant trois heures à ce cimetière d'Eylau à la tête de sa Garde, de sa cavalerie et de son artillerie qu'il dirigeait lui-même. A force de sang-froid et de courage, ainsi que par ses bonnes dispositions, il réussit à soutenir le combat avec très-peu de forces agissantes (1) et à gagner du temps jusqu'à ce que Davout arrivât. Napoléon l'attendait avec des trépignements d'impatience : enfin, à une heure, il se montra sur les hauteurs de droite, poussant devant lui les brigades détachées de l'ennemi, et venant rétablir les affaires. Napoléon rentra dans la ville. Jomini, dès le matin, n'avait cessé d'observer, de juger, de critiquer : il était là, on l'a

(1) J'ai combiné dans tout ce récit les expressions mêmes de Jomini, tirées tant de la Notice du colonel Lecomte que de la *Vie politique et militaire de Napoléon,* et du *Traité des grandes Opérations militaires.* Je ne dis rien en mon propre et privé nom ; je borne mon soin à compiler de mon mieux.

dit, dans le plus pur de son élément. Peut-être le savant et le virtuose de guerre se laissa-t-il trop voir, comme lorsqu'il s'échappa à dire à un moment, en apercevant les fautes, les manques d'ensemble et de suite de l'ennemi : « Ah ! si j'étais Benningsen pendant deux heures seulement ! » Caulaincourt, qui entendit le mot proféré à deux pas de l'Empereur, l'en gronda amicalement. Mais, à quelque temps de là, rentrant avec l'état-major dans la ville, Jomini s'approcha de Caulaincourt : « Ce n'est plus Benningsen que je voudrais être maintenant, dit-il, c'est l'archiduc Charles : que deviendrions-nous s'il débouchait de la Bohême sur l'Oder avec 200,000 hommes? » Dans le premier cas, Jomini était tacticien ; dans le second, il redevenait stratégiste. Mais le Français, dira-t-on, où était-il? Hélas! il faut bien l'avouer, il était absent.

La nationalité ici fait complétement défaut ; la cocarde même est oubliée. On n'a devant soi qu'un amateur passionné et un connaisseur, — j'allais dire un dilettante, — épris de son objet. Que voulez-vous ? les natures spécialement douées sont ainsi, et, mises en face de leur gibier, rien ne les détourne. Archimède est à son problème, Joseph Vernet est à sa tempête, Philidor est à sa partie. Homme de l'art avant tout, Jomini ne pouvait retenir son impression sur la partie qu'il voyait engagée sous ses yeux, qu'il aurait voulu jouer, et dont il appréciait chaque coup à sa valeur : un coup de maître le transportait ; un coup de mazette le faisait souffrir. Sa nature qui se déclare pleinement ici, c'était d'être un juge et un conseiller de guerre indépendamment des camps. Il était bon, quand on était joueur, d'avoir un souffleur comme lui.

Nous n'en avons pas fini avec ce terrible enseignement d'Eylau. Le soir était venu, et il vient vite à cette époque de l'année. On ne savait encore qui était vainqueur, ni même s'il y avait un vainqueur, et qui ferait retraite le lendemain. Ce devait être aux Français de se retirer si Ney n'arrivait pas. Mais pourquoi Ney tardait-il tant à venir? Ce ne sont pas les grands historiens qui nous le diront; ils font semblant d'ignorer ces choses; c'est M. de Fezensac qui va nous le dire encore. Ney, qui la veille ignorait, comme Napoléon lui-même, qu'il allait y avoir bataille le 8 février, avait envoyé le 7 au soir au quartier général l'aide de camp Fezensac, pour rendre compte à l'Empereur de sa marche et de l'attaque qu'il poussait vivement contre le général prussien Lestocq :

« C'est la plus importante mission que j'aie remplie, nous dit M. de Fezensac, et la plus singulière par ses circonstances; elle mérite donc d'être racontée avec quelques détails.

« Je partis de Landsberg, le soir à neuf heures, dans un traîneau. En quittant la ville, les chevaux tombèrent dans un trou. Le traîneau s'arrêta heureusement au bord du précipice, d'où ils ne purent jamais sortir. Je revins à Landsberg, et je pris un de mes chevaux de selle. Le temps était affreux; mon cheval s'abattit six fois pendant ce voyage; j'admire encore comment je pus arriver à Eylau. Les voitures, les troupes à pied, à cheval, les blessés, l'effroi des habitants, le désordre qu'augmentaient encore la nuit et la neige qui tombait avec abondance, tout concourait dans cette malheureuse ville à offrir le plus horrible aspect. Je trouvai chez le major général un reste de souper que dévoraient ses aides de camp, et dont je pillai ma part. Ayant reçu l'ordre de rester à Eylau, je passai la nuit couché sur une planche et mon cheval attaché à une charrette, sellé et bridé. Le 8, à neuf heures du matin, l'Empereur monta à cheval, et l'affaire s'engagea. Au premier coup de canon, le major général m'ordonna de retourner auprès du maréchal Ney, de lui rendre compte de la position des deux armées, de lui dire de quitter la route de Creutzburg, d'appuyer à sa droite, pour former la gauche de la grande armée, en communiquant avec le maréchal Soult.

« Cette mission offre un singulier exemple de la manière de servir à cette époque. On comprend l'importance de faire arriver le maréchal Ney sur le champ de bataille. Quoique mon cheval fût hors d'état d'avancer même au pas, je savais l'impossibilité de faire aucune objection; je partis. Heureusement j'avais vingt-cinq louis dans ma poche : je les donnai à un soldat qui conduisait un cheval qui me parut bon. Ce cheval était rétif, mais l'éperon le décida. Restait la difficulté de savoir quelle route suivre. Le maréchal avait dû partir à six heures de Landsberg pour Creutzburg. Le plus court eût été de passer par Pompiken et de joindre la route de Creutzburg; mais le général Lestocq se trouvait en présence du maréchal : je ne pouvais pas risquer de tomber entre les mains d'un parti ennemi. Je ne connaissais pas les chemins, et il n'y avait pas moyen de trouver un guide. Demander une escorte ne se pouvait pas plus que demander un cheval. *Un officier avait toujours un cheval excellent, il connaissait le pays, il n'était pas pris, il n'éprouvait pas d'accidents, il arrivait rapidement à sa des-*

tination, et l'on en doutait si peu que l'on n'en envoyait pas toujours un second : je savais tout cela. Je me décidai donc à retourner à Landsberg, et à reprendre ensuite la route de Creutzberg, pensant qu'il valait mieux arriver tard que de ne pas arriver du tout. Il était environ dix heures, le 6ᵉ corps se trouvait à plusieurs lieues de Landsberg, et engagé avec le général Lestocq. Enfin je vins à bout de joindre le maréchal *à deux heures*. Il regretta que je fusse arrivé si tard, en rendant justice à mon zèle et en convenant que je n'avais pu mieux faire. A l'instant même, il se dirigea sur Eylau, et il entra en ligne à la fin de la bataille, *à la chute du jour*. Le général Lestocq, attiré comme nous sur le terrain, y était arrivé plus tôt. Si je n'avais pas éprouvé tant d'obstacles dans ma mission, nous l'aurions précédé, ce qui valait mieux que de le suivre. »

Voilà la vérité (1). Les réflexions se pressent, et il n'est pas besoin d'être du métier

---

(1) On lit dans l'*Histoire du Consulat et de l'Empire*, tome VII, p. 372, au récit de la bataille d'Eylau : « Napoléon se hâta de dépêcher le soir même du 7 février *plusieurs* officiers aux maréchaux Davout et Ney pour les

pour se les permettre. Quand des ressorts si secondaires, mais pourtant essentiels, de la pièce, sont négligés à ce point, faut-il s'étonner que le résultat ne réponde pas à a conception? La tragédie a beau être bien dessinée à l'avance, il y a des scènes entières de manquées dans le dernier acte.

A Eylau et dans toute cette campagne d'hiver en Pologne, les conditions d'une guerre régulière, raisonnée, savante, d'une stratégie dirigée par le conseil (*consilium*) et serrée de près dans l'exécution, étaient dépassées. Les reconnaissances ne se faisaient plus, les ordres envoyés n'arrivaient pas. Les distances, les boues, les glaces, les neiges, les hasards, jouaient le princi-

---

ramener l'un à sa droite, l'autre à sa gauche... » — « C'est une erreur, dit M. de Fezensac, en ce qui concerne le maréchal Ney; il ne reçut aucun avis et ne se doutait pas de la bataille, quand je le joignis le 8, à deux heures, dans la direction de Creutzburg. »

pal rôle. La force des choses commençait à tenir le dé, à prendre le dessus décidément sur le génie humain, et, quoique à la guerre les plus belles combinaisons soient toujours à la merci d'un accident, ici l'accident était tout, le calcul n'était presque pour rien. C'est ainsi qu'on frise un Pultava. Eylau en donna l'idée. Ce n'était plus le cas, tant s'en faut! où Napoléon aurait pu dire comme à Austerlitz : « Mes grands desseins se succédaient et s'exécutaient avec une ponctualité qui m'étonnait moi-même. » Eylau, pour un homme sage ou capable de sagesse, et si Napoléon avait été un Frédéric, aurait dû être une de ces leçons qu'on n'oublie jamais (1).

(1) Jomini a donné un jugement de la bataille d'Eylau, et dès l'année même, pendant qu'elle était encore toute fumante (1807). Au tome III (page 393 et suivantes) de son grand *Traité*, il rapprochait cette bataille de celle de

Torgau, livrée par Frédéric en 1760, faisant remarquer toutefois que « s'il y avait de la ressemblance dans les résultats des deux affaires, il y avait une grande différence dans les dispositions antérieures et dans l'ordonnance du combat. » Il s'attachait à faire ressortir ce qu'il y avait de grand dans la combinaison première de Napoléon, « indépendamment de ce qu'il avait pu y avoir de fautif dans l'exécution. » Au sujet du retard de Ney, il l'attribuait à ce que l'aide de camp s'était « égaré en chemin, » et supposant les ordres donnés à temps, il concluait que « ce sont de ces choses qu'un général peut ordonner, mais qu'il ne peut pas forcer. » Il est à remarquer que cette phrase d'excuse et apologétique a disparu depuis dans l'édition définitive du *Traité* (chapitre XXVI), et qu'un paragraphe a été ajouté pour dire au contraire, par manière de critique, que « ces deux sanglantes journées prouvent également combien le succès d'une attaque est douteux, lorsqu'elle est dirigée sur le front et le centre d'un ennemi bien concentré; en supposant même qu'on remporte la victoire, on l'achète toujours trop cher pour en profiter. Autant il convient d'adopter le système de forcer le centre d'une armée divisée, autant il faut l'éviter quand ses forces sont rassemblées. » Jomini, dégagé de ses liens, pouvait exprimer toute sa pensée. Mais il n'a jamais varié sur la part personnelle à faire à la présence d'esprit et au courage de Napoléon pendant l'instant critique où il l'avait vu à l'œuvre.

III.

Mauvais vouloir de Berthier. — Jomini, chef d'état-major de Ney. — Guerre d'Espagne. — Jomini envoyé à Napoléon après Wagram. — Il perd l'appui de Ney. — Démêlé avec Berthier. — Retraite en Suisse; premières liaisons avec la Russie. — Raccommodement; Jomini, général de brigade. — Retraite de Russie.

Dans cette bataille d'Eylau, après le moment critique passé, mais avant l'arrivée de Ney sur la fin de l'action, Napoléon, rentré dans la ville, hésitait sur ce qu'il ferait le lendemain. Il pensait d'abord à se retirer pour rallier les corps de Bernadotte et de Lefebvre. Cependant, pour masquer cette retraite et ne pas céder le champ de bataille aux Russes, qui étaient peut-être assez affaiblis déjà pour nous l'abandonner, Napoléon eut l'idée de laisser Grouchy avec l'arrière-garde, mais en plaçant près de lui Jomini, chargé d'une commission éventuelle. Il s'agissait de ne pas bouger si les Russes se retiraient les premiers et d'éviter le désagrément de leur céder le terrain; sinon, et s'ils tenaient ferme, de se replier soi-même, tout en faisant bonne contenance : « Vous resterez avec Grouchy, » lui dit l'Empereur, « pour le diriger selon mes « intentions. On vous accréditera auprès de « lui à cet effet; vous n'aurez point d'autre « ordre. » L'arrivée de Ney dispensa de cette combinaison, et Napoléon n'eut qu'à rester. Mais on entrevoit combien cette position facultative de Jomini au quartier général de l'Empereur, position en partie confidentielle et nullement hiérarchique, prêtait à l'équivoque et ne pouvait se prolonger sans inconvénient.

Sa santé, qui ne fut jamais robuste, avait souffert dans cette campagne d'hiver, et le 8 mars 1807, du quartier général d'Osterode, Berthier avisait le ministre directeur de l'administration de la guerre « d'un congé de quatre mois pour raison de santé, accordé par l'Empereur au *colonel* Jomini, attaché à l'état-major impérial. » Le 9 avril, il était dans son pays natal, à Payerne, hésitant entre les eaux de Baden et celles de Schinznach. Le 17 juin, à la première nouvelle des mouvements de l'armée, interrompant le traitement commencé, il s'était rendu en poste au quartier général de l'Empereur. Mais il était arrivé trop tard pour la grande action, il avait manqué la victoire de Friedland, remportée le 14.

C'est ici que nous allons assister à une

tracasserie misérable de Berthier. Ney, qui sent la valeur de l'homme, redemande son aide de camp. Le 18 octobre 1807, Berthier annonce à Clarke, ministre de la guerre, que, « par décision du 16 octobre, l'adjudant commandant Jomini, provisoirement appelé près de l'Empereur dans les dernières campagnes, doit retourner auprès de Ney, qui l'a demandé. » De son côté Ney écrit au ministre Clarke, de Fontainebleau, le 5 novembre 1807 :

« Excellence, l'Empereur a daigné me promettre à Friedland de nommer M. l'adjudant commandant Jomini chef de l'état-major du 6ᵉ corps d'armée ; je vous prie d'obtenir une décision définitive de Sa Majesté à cet égard. M. Jomini est très-propre à cet emploi qu'il a déjà rempli avec distinction près de moi pendant la campagne d'Autriche. Votre Excellence m'obligera très-particulièrement, si elle veut bien prendre quelque intérêt au succès de cette demande. »

Et dans une note de la main de Clarke :

« L'Empereur a accordé cette demande, et m'a donné ses ordres verbalement à ce sujet. Il faut envoyer M. Jomini au 6ᵉ corps d'armée et en prévenir le prince de Neuchâtel. »

La décision de l'Empereur est du 11 novembre.

Voilà les faits extérieurs. Mais que s'était-il passé dans les coulisses ou dans les couloirs, car les états-majors en ont aussi ? Le chef d'état-major de Ney, le général Dutaillis, l'homme de Berthier, avait eu un bras emporté dans la dernière campagne ; Ney tenait à s'en défaire, et Berthier à le maintenir. L'objection de Berthier, quand Ney le pressait, était que Jomini n'avait rang que de colonel et ne pouvait être chef d'état-major, vu que tous étaient généraux. Cependant la demande directe de Ney à l'Empereur avait été suivie d'une lettre de Jomini, aussi motivée que respectueuse, et l'Empereur avait accordé. — Et voilà que quelques jours après, Jomini reçoit sa nomination comme *sous*-chef d'état-major sous le général Dutaillis. On peut juger de l'étonnement et de l'irritation chez une nature vive et susceptible. Jomini écrivit à l'instant à l'Empereur une lettre dont on n'a pas le texte, mais dont le sens était « qu'ayant pris la carrière des armes dans l'espoir qu'un jour il mériterait la bienveillance du plus grand capitaine du siècle, et qu'ayant eu l'honneur de lui être attaché pendant plus d'un an, il ne pouvait continuer à servir dans la position que l'on venait de lui faire, et qu'il demandait à se retirer dans ses foyers. » — Je continue avec le récit du colonel Lecomte :

« Le dimanche suivant, Jomini se rendit à Fontainebleau pour assister à la réception d'usage et à la messe, espérant avoir une solution.

« Lorsque l'Empereur sortit de son cabinet dans le grand salon, Jomini se trouvait par hasard un des premiers sur son passage. L'Empereur vint à lui d'un air courroucé et lui dit : « Quelle lettre impertinente m'avez-vous adressée ? Comment ! me jeter ainsi votre démission à la figure, et croire que je renvoie ainsi les gens qui me servent bien ? Je vous ai nommé chef d'état-major, et non sous-chef. » — « Mais, Sire, j'ai là ma nomination signée de Votre Majesté. » Et comme Jomini allait la sortir de sa poche, l'Empereur s'écria : « Eh ! vous n'avez pas vu que c'était une *faute* de Berthier ! » Le prince de Neuchâtel, qui se trouvait présent, tira Jomini par son habit en lui disant à l'oreille : « Ne répliquez pas, et passez chez moi après la messe ! »

Nonobstant toutes les explications, et quoique Berthier ait voulu rejeter l'erreur sur le compte d'un secrétaire, il n'en était rien, et le secrétaire n'avait eu bien réellement l'ordre d'expédier qu'un brevet de *sous*-chef. Cette petite scène, qui eut lieu en public, n'était pas faite pour mieux disposer à l'avenir Berthier en faveur de Jomini.

La guerre d'Espagne est engagée : un rôle important y est assigné à Ney et au 6ᵉ corps. Avant l'entrée en campagne, le général Marchand, commandant par intérim, écrit de Paris au ministre de la guerre (25 septembre 1808) pour lui rappeler que le maréchal a demandé, dès le mois de février dernier, le grade de général de brigade pour le colonel Jomini, son chef d'état-major. Cependant les services de Jomini près de Ney sont très-contrariés, ou moins bien accueillis dès le début de la campagne. Que s'est-il passé? La bienveillance du maréchal est visiblement altérée; son amour-propre est désormais en éveil : de méchants propos venus de Paris et présentant Jomini comme son meneur ont sourdement opéré. Cette guerre d'Espagne d'ailleurs est ingrate et pénible. Dès le début Ney, dont le mouvement devait se combiner avec celui de Lannes pour rendre complète la victoire de Tudela, procède contre son habitude avec un peu trop de lenteur et s'attire des reproches. Plus tard, dans la poursuite de l'armée anglaise commandée par Moore, Ney, tenté un moment de prendre la meilleure direction, n'ose le faire de son chef, et il ne vient plus ensuite qu'en réserve derrière Soult. Dans l'une et l'autre circonstance, les conseils de Jomini sont moins écoutés que dans les précédentes campagnes : et puis l'Empereur est proche, et il n'y a dès lors qu'à se taire et à obéir. Un jour, dans une de ces marches à la poursuite de l'armée anglaise, l'insistance que Jomini mettait à ce qu'on profitât d'un gué pendant une courte absence du maréchal et quand il ne pouvait y avoir d'ordre écrit, faillit amener un duel entre lui et le brillant général de cavalerie Colbert à la veille de son glorieux trépas : il y avait tiraillement de tous les côtés. Après le départ de l'Empereur, ses lieutenants de l'armée d'Espagne s'entendent mal entre eux ou ne se concertent qu'imparfaitement. Abandonnés à eux-mêmes, les uns, comme Soult, sont disposés à trop prendre sur eux, tandis que Ney, devenu plus incertain et s'effrayant de sa responsabilité, évacue le pays qu'il occupe et abandonne un peu légèrement la Corogne et le Ferrol. Là encore les conseils de son chef d'état-major, qui proposait de laisser une garnison suffisante dans ces deux places, ne sont pas suivis. Ces affaires d'Espagne étaient menées de telle façon que Napoléon lui-même, à cette date, déclarait n'y rien comprendre : je n'essayerai pas de les démêler. Après cette retraite précipitée de la Galice, Ney, qui vient d'être placé sous le commandement de Soult, en est blessé ; il sent aussi le besoin de s'expliquer, de s'excuser auprès de l'Empereur, et il lui envoie Jomini qui arrive à Vienne au lendemain de Wagram (juillet 1809). Jomini, selon sa mission, expose à l'Empereur comment le maréchal avait dû croire à l'utilité de se rapprocher du roi Joseph pour lui venir en aide contre Wellesley (Wellington), au cas où ce général, qui avait pris pied en Portugal, se porterait de la vallée du Tage sur Madrid. L'Empereur, qui aimait assez à affubler chacun d'une spécialité, à le coiffer d'un sobriquet une fois pour toutes ; — et par exemple, à dire à Garat en chaque rencontre : *Comment va l'idéologie ?* à Rœderer : *Comment va la métaphysique ?* à Mme de Coigny : *Comment va la langue?* — avait naturellement identifié l'idée de tactique et la personne de Jomini. Aussi, dès que Jomini eut allégué au nom du maréchal, pour raison de sa conduite, la prévision d'une entreprise possible de la part de Wellington :

« Voilà bien comme sont les tacticiens! s'écria l'Empereur (1) ; ils supposent toujours que l'ennemi prendra les résolutions les plus habiles, les plus savantes ; mais, s'il en était ainsi, il ne faudrait jamais se coucher à la guerre, puisqu'il n'y a pas de chances plus favorables que de surprendre l'ennemi endormi, comme Daun a surpris Frédéric le Grand à Hochkirch. Croyez-vous que les Anglais osent ainsi s'avancer loin de leurs flottes, surtout après ce qui vient d'arriver à Moore ? Ils n'ont pas tant de troupes à aventurer sur le continent. » — Jomini prit la liberté de répliquer que « s'il était puéril de croire toujours à des combinaisons parfaites de la part de ses adversaires, il serait dange-

---

(1) Tout ceci est emprunté à la Notice du colonel Lecomte, dont rien ne dispense.

reux de croire toujours à leur incapacité ; que Wellesley (Wellington), au milieu du pays soulevé pour lui et appuyé de 80 à 100,000 Espagnols, ayant sa retraite dans tous les ports de l'Espagne sur les quatre points cardinaux, pouvait sans danger entreprendre une opération qui déciderait du sort de l'Espagne. » — L'Empereur coupa court à la discussion en disant : « Le mal est fait ; la suite apprendra s'il doit en résulter un bien. »

Jomini en vint ensuite à la partie délicate des griefs de Ney, qui résistait à être mis sous les ordres de Soult, quoique celui-ci fût son ancien. Soult était accusé par ses propres soldats d'avoir voulu se faire roi en Portugal :

« L'Empereur traita cela de *niaiserie ;* cependant il fit appeler Jomini le soir même, lui fit répéter l'aventure en présence de Masséna et du prince Eugène, et leur dit : « Pensez-vous qu'il y ait un maréchal de France assez fou pour se proclamer roi indépendant ? Mais il se ferait arrêter par ses propres aides de camp! » Scène peut-être ménagée à dessein pour leur servir de leçon (1).

« Quinze jours étaient à peine écoulés, lorsque Napoléon fit rappeler le chef d'état-major de Ney, et s'écria à son arrivée: « Eh bien! vous aviez raison; « les Anglais sont sortis du Portugal, et, qui pis « est, c'est qu'ils ont battu ce maladroit de Jourdan! « Il paraît que c'est un homme, ce Wellesley! »

« Puis il raconta à Jomini toute la bataille de Talavera (2). »

Ici se produit un fait grave dans la car-

---

(1) L'Empereur, mieux informé, traita si peu de niaiserie cette pensée ambitieuse du maréchal Soult qu'il lui adressa de Schœnbrunn, à la date du 26 septembre 1809, la lettre qu'on peut lire dans la *Correspondance* (tome XIX, page 527), et où il lui exprime son mécontentement le plus sérieux sur ce même sujet.

(2) On voit encore par la *Correspondance* de Napoléon, qu'il fut d'abord induit en erreur sur le vrai résultat de la bataille de Talavera ; on lui avait adressé des rapports complaisants et mensongers ; ce n'est que le 25 juin 1809 que l'Empereur écrivait de Schœnbrunn à Clarke, ministre de la guerre : « Le fait est que j'ai perdu la bataille de Talavera. » Ceci peut préciser la date de la conversation avec Jomini.

rière de Jomini, et dont on n'a pas l'explication tout entière. Il y a une intrigue sous jeu dont les fils échappent. Ce qui est certain, c'est que tout à coup la protection de Ney l'abandonne. La mauvaise humeur du maréchal, après cette fâcheuse campagne de 1809, où il n'avait rien fait d'éclatant, retombe sur lui. Et puis, il faut l'avouer, un chef d'état-major qui a, à chaque instant, un avis personnel, peut à la longue devenir contrariant et incommode, surtout si l'on ne réussit pas. Dans un rapport du ministre Clarke à l'Empereur, du 17 novembre 1809, il est dit : « Le maréchal duc d'Elchingen demande que l'adjudant commandant Jomini, chef d'état-major du 6ᵉ corps de l'armée d'Espagne, reçoive une autre destination. » Et de la main même de l'Empereur, se lit cette annotation au rapport (je copie textuellement) : « L'employer avec Berthier (*une rature*), le duc d'Auerstædt (*une rature*), Berthier. » On suit les indécisions de l'Empereur; sa plume hésite, et après avoir biffé *Berthier*, il y revient. C'était de toutes les destinations la plus pénible pour Jomini; elle était presque inacceptable : après avoir été en première ligne et en chef, il se voyait rejeté à la suite de l'état-major général, réduit à l'inutilité, ayant à prendre les ordres de l'adjudant du prince, « M. Bailly de Monthyon, qui sans doute, pensait-il, lui réservait l'honneur de commander quelque dépôt d'écloppés, ou de faire dans sa chancellerie des liasses d'ordres du jour. » Sa tête fermenta; il n'y put tenir; il roula dans son esprit une grande résolution : il était Suisse de nationalité et libre; l'empereur Alexandre était l'intime allié de Napoléon. Une ouverture avait déjà été faite de ce côté auprès de Jomini en

1807, pour qu'il entrât au service de la Russie, qui croyait avoir besoin à ce moment d'officiers de mérite, et qui a toujours été accueillante pour les étrangers. Son compatriote vaudois, La Harpe, y était déjà. Après quelques démarches tentées encore par Jomini (et sans y réussir) pour se concilier le prince de Neuchâtel, — comme de lui offrir la dédicace d'une seconde édition qu'il fit faire exprès de son *Traité des grandes Opérations militaires*, — de lui témoigner le désir d'être mis à la tête d'une des brigades suisses qui allaient être levées, et dont le commandement lui était spécialement réservé en sa qualité de colonel général des Suisses, — après n'avoir éprouvé de sa part que rebuffade et mauvaise grâce, après s'être entendu dire un jour qu'il se plaignait : « *Eh bien, si vous vous croyez lésé, donnez votre démission ; j'en référerai à Sa Majesté,* » Jomini n'hésita plus et se tourna vers la Russie. L'anxiété où il était alors, — où il fut durant tout cet été et cet automne de 1810, — sa fièvre morale nous est vivement représentée dans des lettres écrites à un ami, le baron Monnier, qui occupait un poste assez important auprès du duc de Bassano.

Dès le 29 juin 1810, le prince Berthier prévenait le ministre Clarke que « par décision de la veille l'Empereur avait accordé à M. l'adjudant commandant (Berthier a effacé de sa main le titre de *colonel*) baron de Jomini un congé de six mois pour soigner sa santé dans ses foyers. » C'est de là, de la ville d'Aarau, que Jomini adressait à cet ami, le baron Monnier, les lettres suivantes où ses fluctuations et son orage intérieurs apparaissent à nu :

« Aarau, 15 octobre 1810.

« Je viens enfin, mon cher Monnier, de me décider au saut périlleux : j'écris au prince de Neuchâtel pour lui demander ma démission. Je lui présente l'impossibilité où je me trouve de servir plus longtemps, découragé et humilié à mes propres yeux. Je cherche autour de moi la puissance où je pourrais espérer un meilleur sort. L'empereur Alexandre, dont la générosité égale, dit-on, l'amabilité, manquant d'ailleurs d'officiers qui entendent bien la grande guerre, est le seul que je puisse servir dignement. Mais la Russie est l'alliée de Napoléon ! Voudra-t-elle me recevoir, sachant que je me retire brouillé avec lui ?

« Le parti qui me reste à prendre n'est pas difficile à préjuger : je dois soutenir mon rôle et savoir mourir au besoin. Je ne vous ennuierai pas aujourd'hui de mes doléances, j'ai voulu seulement vous informer de la démarche décisive que je fais. Hier était l'anniversaire de la bataille de Iéna. Il y a quatre ans que j'allai volontairement me précipiter à l'avant-garde de Ney (quoique je fusse alors attaché à l'Empereur). Le maréchal s'élançait comme moi volontairement à une brèche où personne ne l'envoyait, et voulait vaincre toute l'armée du prince de Hohenlohe avec les quatre mille hommes seulement qui le suivaient : la moitié de ces braves paya de la vie une téméraire intrépidité, et trois de ses aides de camp y furent grièvement blessés. Ah! si un boulet charitable m'avait donné la préférence ce jour-là! je ne serais pas réduit aujourd'hui à détester la vie, à maudire jusqu'aux faibles rayons de gloire que ma carrière m'a laissé entrevoir un instant. Mille de ces misérables boulets ont sillonné la terre autour de moi, enlevé bras et jambes à mes camarades : aucun n'a voulu m'épargner la peine qui me tue... »

« Aarau, le 24 octobre 1810.

« J'ai reçu, mon cher Monnier, votre aimable lettre du 18 octobre. Vous voulez me consoler en me désespérant. La certitude que j'ai un ennemi puissant si près de l'Empereur ne me laisse aucun espoir d'améliorer mon sort. Si, du moins, j'étais rentré dans la position où je me trouvais en 1806, employé près de Sa Majesté elle-même, je n'aurais affaire qu'au grand homme capable de m'apprécier, et mon persécuteur ne me pourrait rien. Mais non content de me faire rétrograder dans ma carrière, et de changer un rôle important contre le poste le moins estimé de l'armée, on me place sous la férule de mon plus cruel ennemi. Ah! c'est trop fort! et jamais, non jamais, je ne me sentirai la force de ployer la tête sous le joug qu'on veut m'imposer. Que l'Empereur exerce sur moi la tyrannie la plus absolue, je m'en console : il a sur moi les droits que donnent le génie et la puissance. Mais le prince de Neuchâtel!... Je me tais par prudence, et plutôt pour vous que pour moi... »

Berthier, ce grand chef d'état-major dont je ne prétends point méconnaître les mérites appropriés au génie du maître, mais « à qui il fallait tout dicter; » Berthier, « à qui vingt campagnes n'avaient pas donné une idée de stratégie, » et qui n'en avait que faire sans doute dans son rôle infatigable d'activité toute passive; Berthier, qui, au début de la dernière guerre d'Allemagne (1809), dépêché d'avance à Ratisbonne pour y rassembler l'armée, avait signalé son peu de coup d'œil personnel, son peu de clairvoyance dans l'exécution trop littérale des ordres en face d'une situation non prévue ; Berthier, qui pourtant s'était vu comblé de toutes les dignités, de toutes les prérogatives, et finalement couronné et doté jusque dans son nom de cette gloire même de Wagram, — un tel personnage avait certes beau jeu contre un simple officier en disgrâce, dont il ne prévoyait pas les titres distingués et permanents auprès de tous les militaires instruits et des studieux lecteurs de l'avenir. Il est curieux de voir en quels termes était conçue la démission adressée par Jomini à ce dignitaire tout-puissant, le plus élevé dans l'ordre militaire.

Et d'abord, voici sa lettre à Clarke, duc de Feltre, qui n'était que ministre :

« Monseigneur, j'ai l'honneur d'adresser à Votre

Excellence copie de la lettre que j'ai écrite à Son Altesse le Prince Vice-Connétable, pour lui donner *ma démission de l'emploi d'adjudant commandant.*

« Je regrette bien vivement de quitter une carrière qui aurait pu me mettre plus particulièrement en relation avec Votre Excellence, dont j'avais été accueilli autrefois avec une bienveillance si distinguée.

« Je suis avec le plus profond respect, Monseigneur, de Votre Excellence le très-humble et obéissant serviteur,

« JOMINI, colonel.

« Baden en Suisse, le 28 octobre 1810.

« Mon adresse est *chez veuve Bourcard et fils à Basle en Suisse.* »

Puis vient la lettre à Berthier, en ces humbles termes : — mais à voir cette accumulation de titres, ne semble-t-il pas que l'on craigne toujours qu'il n'y ait pas assez de barrières de séparation élevées entre les hommes?

« A son Altesse Sérénissime le Prince de Neuchâtel et de Wagram, Vice-Connétable, Colonel général des Suisses, etc., etc.

« Monseigneur, Votre Altesse sait au prix de quels efforts j'ai fait les cinq dernières campagnes. Atteint depuis celle de 1805 d'une maladie grave, j'ai sacrifié les restes de ma santé à mes devoirs et à mon goût pour la guerre.

« A la fin de la campagne précédente en Espagne, mons^r (*sic*) le maréchal duc d'Elchingen, convaincu que je me trouvais dans l'impossibilité de faire un service pénible à cheval, demanda pour moi un commandement d'infanterie dans son corps d'armée.

« Il aurait fallu, pour me remettre, un repos de plusieurs années ; mais, quand l'Europe doit changer de face, un homme qui a du zèle et de l'honneur ne peut pas rester oisif; j'ai donc persisté à remplir mes devoirs. Cependant, depuis un an, ma position est devenue telle que je ne pouvais plus espérer de soutenir les fatigues d'un service à l'état-major. Les certificats que j'ai eu l'honneur de soumettre à Votre Altesse en lui demandant un congé le prouvent assez.

« Votre Altesse se souviendra sans doute que je

lui ai adressé encore cet hiver la prière de me faire donner une destination dans la seule arme dont le service fût compatible avec l'état de ma santé. Cette démarche prouvait le grand désir que j'avais de me rendre utile.

« Mais, mon état empirant tous les jours, je me ois aujourd'hui dans la dure nécessité de donner ma démission de l'emploi d'adjudant commandant. Je supplie Votre Altesse de la mettre aux pieds de Sa Majesté l'Empereur et Roi.

« Après avoir suivi le plus grand des capitaines pendant plusieurs campagnes, personne ne doit regretter plus que moi de ne pouvoir plus servir dans ses armées. Votre Altesse me permettra aussi de lui présenter toute la peine que j'éprouve de ne pouvoir plus continuer à servir auprès d'elle.

« *Elle m'a témoigné trop de bontés pour que ces regrets ne soient pas aussi vifs que sincères.*

« Je suis avec le plus profond respect, Monseigneur, de Votre Altesse Sérénissime le plus humble et obéissant serviteur,
« Colonel Jomini.

« Baden en Suisse, le 28 octobre 1810. »

Une légère pointe d'ironie aurait pu se sentir sous toutes ces humilités de commande et ces excuses. Le trait, s'il existe, était dans la dernière phrase. — Pour toute réponse à cet envoi de démission, Jomini reçut l'ordre du ministre Clarke de se rendre en poste à Paris et de se présenter à lui dans les vingt-quatre heures après son arrivée. L'ordre en date du 15 novembre, et qui paraît avoir mis quelque temps à atteindre le destinataire, était péremptoire. La famille de Jomini, alarmée des conséquences d'un refus, le suppliait d'obéir. Cependant la demande de service était déjà faite à l'empereur Alexandre, et elle suivait son cours. Que faire? Au moment de céder et de partir pour Paris, Jomini exhalait sa plainte; il voyait bien qu'on ne lui permettrait pas de donner sa démission, et d'aller porter ailleurs sa connaissance des choses de guerre et ses idées :

« Hélas ! je ne l'aurai jamais cette démission, puisqu'après me l'avoir offerte on m'écrit comme à un caporal de me présenter dans les vingt-quatre heures pour reprendre mes chaînes ! D'ailleurs j'ai été du nombre de ceux qui n'ont pas fait la guerre en aveugle : en faut-il davantage pour qu'on veuille me lier ? Ah ! si l'Empereur voulait, il me ferait porter les chaînes d'Armide ! Je ne lui demande que de me placer dans un corps comme chef d'état-major, ou de me reprendre près de lui : situation dans laquelle je me trouvais il y a quatre ans. Pourquoi donc me faire subir une double humiliation ? Est-ce pour me punir de ma prétendue ambition ? Je vous le demande : dans une armée où tout marche au galop, quel est l'officier un peu marquant qui voulût aujourd'hui se contenter de ce qu'il était avant ces quatre horribles campagnes ? Et pourtant, ce serait l'objet de tous mes vœux. Mon irritation m'entraîne : je me répète... »

Il arriva à Paris vers le 15 décembre (1810). Il vit aussitôt le ministre Clarke, qui lui demanda s'il voulait entamer une lutte avec l'Empereur, le pot de terre contre le pot de fer :

— « Je serais insensé en effet, répliqua Jomini, si telle était ma pensée,... mais loin de là ; j'ai eu de puissants motifs de *donner* ma démission. J'en avais doublement le droit comme étranger... Si j'ai persisté, c'est qu'il est de ces circonstances où un homme de cœur ne peut reculer. »

« Mais si l'Empereur ne veut pas vous l'accorder ? »

— « Un officier français peut la demander ; moi, je l'ai donnée. »

— « Prenez garde! si vous faites la mauvaise tête, vous pourriez bien faire un tour au donjon de Vincennes. »

— « Je dois m'y attendre ; mais ma position est telle que l'Empereur Napoléon lui-même serait en droit de me reprocher de rester à son service, s'il connaissait exactement cette position. »

— « Si ce n'est que cela, soyez tranquille, *l'Empereur sait tout ;* je vous ai toujours voulu du bien, et si vous me laissez dire à l'Empereur que vous vous soumettez, l'affaire s'arrangera à votre satisfaction. »

Elle était arrangée déjà. Un décret de l'Empereur, qui porte la date du 7 décembre, nommait Jomini général de brigade; il ne l'apprit que dix jours après : sa soumission était sans doute la condition sous-entendue et préalable pour la sortie du décret. Mais tous les guignons s'y joignirent. Berthier retint Jomini dans son état-major pour l'inutiliser, et dans le même temps Jomini recevait de l'empereur de Russie, par suite de sa première démarche, un brevet de général-major attaché à sa personne. Jomini, à partir de janvier 1811, demeurait donc au service de France, mais malgré lui, à contre-cœur et très-partagé : c'est ce qu'il convient de ne jamais oublier en le jugeant.

« Plût à Dieu, s'écriait-il le 28 janvier 1811, en s'épanchant auprès de son ami le baron Monnier, plût à Dieu que j'eusse résisté aux ordres du duc de

Feltre et aux sollicitations de mes parents !... Aujourd'hui, que pensera de moi le généreux prince qui, sans me connaître autrement que par mon ouvrage, me fait un accueil si flatteur, et qui, en utilisant directement mon instinct guerrier, me fournirait du moins les occasions de faire quelque chose? Vous sentez que je suis affecté plus vivement que jamais du malheur d'être enterré chez cet implacable prince de Neuchâtel, qui a juré d'étouffer en moi ce que l'Empereur nomme le *feu sacré...* »

Le *feu sacré !* il y a plus d'une manière de l'entendre ; mais ici, au sens de Jomini, le *feu sacré*, c'est la science et l'amour du bel art : montrer ce qu'on peut et ce qu'on vaut par une application des principes de la grande guerre. La patrie suisse exceptée, le pays d'ailleurs et le théâtre n'y font rien ; la belle école (comme il la conçoit), l'école de la grande guerre, est partout où il y a des capitaines capables de la comprendre et de la pratiquer. — C'est trop d'indifférence, dira-t-on. — J'exprime le fait sans blâmer ni approuver. On a affaire ici à un talent impérieux, égoïste comme tous les talents d'instinct, à une vocation prononcée, qui demande avant tout le jour et l'occasion, le champ et l'espace. Il importe assez peu au grand géomètre Euler de produire ses formules et de résoudre ses équations à Berlin ou à Pétersbourg.

Avec cette différence toutefois, que la guerre n'est pas de la géométrie pure, ni de la pure analyse ; qu'elle se fait sur des hommes et avec des hommes ; que, n'y eût-il que la fraternité des armes, si l'on vient un jour à la briser, on en souffre, et que, fût-on strictement dans son droit, le cœur saigne. Jomini en saura quelque chose.

L'année 1811 fut pour Jomini une année d'étude et de travail : il avait à poursuivre sa *Relation critique des Campagnes des*

Français depuis 1792. Napoléon s'intéressait particulièrement à ce qu'il écrivît l'histoire des campagnes d'Italie, de 1796 à 1800 : il le fit venir plus d'une fois à Trianon ou aux Tuileries pour l'entretenir à ce sujet. Les renseignements essentiels étaient au Dépôt de la guerre; l'Empereur donna ordre qu'on les communiquât à Jomini : mais, comme il arrive trop souvent de ces ordres souverains, relatifs à des communications d'archives, les bureaux déjouèrent l'intention formelle du maître, et l'historien ne fut admis à compulser que des états de situation sans importance. Il dut suppléer à ce qu'on lui cachait, et se pourvoir ailleurs auprès des nombreux témoins vivants dont il était environné.

La guerre avec la Russie, qui éclata en 1812, mettait Jomini dans une position un peu fausse vis-à-vis d'un souverain dont il avait recherché le service, et de qui il avait secrètement à se louer. Il ne paraît pas avoir désiré dans l'armée d'invasion un emploi bien actif. Sa santé altérée était mieux qu'un prétexte. Nommé d'abord gouverneur de Wilna, il était chargé d'une grande responsabilité pour l'approvisionnement de l'armée, pour l'organisation des hôpitaux. Les moyens mis à sa disposition étaient insuffisants; il avait des inquiétudes sur l'arrivage des subsistances, et peu de confiance dans l'activité du Gouvernement lithuanien; il le disait dans ses rapports, il s'en plaignait. Mais la volonté absolue, qui allait se briser contre la nature du Nord, n'aimait pas qu'on lui représentât ce qui en était, ni qu'on l'avertît trop de ce qui contrariait ses desseins. Cet esprit de domination qui s'étendait aux choses comme aux hommes, qui prétendait maîtriser et plier sous sa loi les faits politiques comme les éléments, ne se rendait qu'à la dernière extrémité : ce qui lui déplaisait, n'était pas, — ne pouvait et ne devait pas être. Le baron Fain nous a conservé la note précise d'une des boutades échappées à Napoléon, au reçu d'un de ces rapports trop sincères de Jomini. C'était même plus qu'une boutade : c'était une dictée; car le passage se retrouve presque textuellement dans une lettre de la *Correspondance* impériale, aujourd'hui imprimée :

« (Au prince de Neuchâtel. — Gloubokoïé, 22 juillet 1812.) Mon cousin,... répondez au général Jomini qu'il est absurde de dire qu'on n'a pas de pain quand on a 500 quintaux de farine par jour; qu'au lieu de se plaindre il faut se lever à quatre heures du matin, aller soi-même aux moulins, à la manutention, et faire faire 30,000 rations de pain par jour; mais que, *s'il dort et s'il pleure,* il n'aura rien; qu'il doit bien savoir que l'Empereur, qui avait beaucoup d'occupations, n'allait pas moins tous les jours visiter lui-même les manutentions ; que je ne vois pas pourquoi il critique le Gouvernement lithuanien pour avoir mis tous les prisonniers dans un seul régiment ; que cela dénote un *esprit de critique* qui ne peut que nuire à la marche des affaires, tandis que dans sa position il doit encourager ce Gouvernement et l'aider, etc... »

L'*esprit de critique!* Napoléon vient de le nommer ; voilà l'ennemi secret, celui qu'il eût voulu supprimer partout autour de lui, et auquel il trouvait à redire chez Jomini, chez Saint-Cyr, chez un certain nombre de raisonneurs clairvoyants et judicieux.

Jomini put lire dans le *Manuscrit de 1812* du baron Fain (t. Ier, p. 266) le passage qui le concernait (1), et il y a répondu avec un

(1) Le baron Fain, en citant le passage de la dictée concernant Jomini, avait eu soin pourtant de l'adoucir un

accent de poignante amertume dans une note d'un de ses écrits (1) :

« Le *Manuscrit* de Fain, a-t-il dit, serait un vrai chef-d'œuvre s'il n'était pas entaché d'une partialité inconcevable,... si cet habile écrivain avait préféré le rôle d'historien à celui de panégyriste. Il aurait pu se dispenser aussi de personnalités qui déparent son bel ouvrage, et mieux choisir les pièces justificatives qu'il a données. Croit-il avoir élevé un monument à la gloire de Napoléon, en publiant une réprimande écrite en termes déplacés au gouverneur de Wilna qui, par excès de zèle, osait dépeindre le véritable état des affaires? *Le gouverneur de Wilna n'a jamais pleuré que le jour où Napoléon et ses séides l'ont forcé à leur prouver qu'il*

peu. Le général n'y était désigné que par une initiale J... Au lieu de ces mots « s'*il* dort et s'*il* pleure, » il avait mis : « si l'*on* dort et si l'*on* pleure. » La table des matières, à l'article *Jomini,* ne portait point l'indication de cet endroit désobligeant. Le trait n'était pas moins allé à son adresse.

(1) Au tome IV, page 2, de la *Vie politique et militaire de Napoléon.*

n'était pas fait pour supporter de mauvais traitements. »

Jomini ne s'était fait illusion à aucun moment sur l'issue de cette campagne de 1812. Ses prévisions de 1806 sur le péril d'une grande guerre dans le Nord allaient se réaliser : les succès si chèrement achetés du début présageaient assez le caractère de cette terrible et gigantesque aventure; il l'a parfaitement définie en quelques traits expressifs, que les plus éloquents historiens avoueraient :

« Toutes les passions religieuses et patriotiques avaient été allumées; il fut aisé de prévoir qu'aux privations de la Lithuanie allaient se réunir toutes les fureurs et les embarras d'une guerre nationale : nous allions retrouver une nouvelle Espagne, mais une Espagne sans fond, sans vin, sans ressources, sans villes. Nous ne devions pas y trouver des Saragosse, parce que toutes les maisons, construites en bois peint, étaient à la merci d'une torche ou d'un obus; mais des obstacles d'un autre genre, et non moins redoutables, nous attendaient... »

Tous les plans de stratégie et de grande guerre échouèrent dans cette funeste campagne; sur un échiquier aussi vaste et sans cadre déterminé (c'est encore Jomini qui parle), les calculs les plus probables ne rendaient plus. A chaque combinaison nouvelle imaginée par Napoléon, les adversaires ne répondaient qu'en se dérobant, en se plaçant hors du cercle de plus en plus élargi de son compas. L'entrée à Smolensk signala ainsi la troisième grande manœuvre manquée de la campagne : « ce fut la dernière de notre côté. » A partir de là, Napoléon n'eut plus qu'à pousser tout droit en avant et à marcher sur Moscou, en perçant de vive force au cœur de sa fatale conquête. Cet art des grandes combinaisons, qui avait fait tant de fois son triomphe, ne trouvait plus ici à quoi se prendre et s'évanouissait.

Laissé d'abord à Wilna, Jomini eut bientôt avec le général Hogendorp, aide de camp de l'Empereur, nommé à la présidence du Gouvernement de Lithuanie, un violent conflit (1) qui amena son changement de destination ; il fut envoyé pour commander à Smolensk. Il n'y put rendre que peu de services à l'heure décisive. Dans la confusion et le sauve-qui-peut de la retraite, toute règle, toute mesure d'administration, étaient humainement impossibles, et Smolensk, où l'armée avait espéré trouver une étape et

(1) Il ne paraît pas que l'Empereur lui ait donné tort pour ce conflit, à en juger par ce passage d'une lettre au duc de Bassano, écrite de Viazma (29 août 1812) : « J'ai donné ordre au major général de placer le général Jomini ailleurs. — Parlez fortement au général Hogendorp, pour qu'il modère sa fougue et ne donne lieu à aucune plainte. »

un abri, ne fut qu'un cruel mécompte, une amère déception de plus; les premiers arrivants avaient tout dévoré (1). Les services de Jomini dans cette retraite furent d'un autre ordre : il avait étudié le pays et savait les endroits moins ravagés, les chemins qu'on pouvait prendre pour avoir chance d'éviter l'ennemi, ou du moins pour le trouver moins en force. Ce fut lui qui indiqua le chemin de traverse de Zembin pour rejoindre plus sû-

(1) On retrouve trace, malgré tout, de la prévoyance du général Jomini dans ce passage de la *Relation de la Campagne de Russie* par le chef de bataillon Eugène Labaume : « (20 novembre, à Orcha.) Le lendemain nous fûmes assez tranquilles, et n'entendîmes que les coups de fusil qu'on tirait par intervalle aux Cosaques; accoutumés à voir ceux-ci s'avancer et fuir aussitôt qu'ils apercevaient des soldats armés, leur présence ne nous donnait plus d'inquiétudes : ainsi, on goûtait dans le calme le plus parfait les douceurs d'un jour de repos; et quelques provisions que le général Jomini avait réservées pour le passage de l'armée nous furent d'autant plus agréables, que depuis Smolensk nous n'avions reçu aucune distribution... »

rement la grande route de Wilna. Consulté par l'Empereur sur le point où l'on pouvait franchir la Bérésina, il donna un bon avis, dissuada d'une manœuvre militaire, d'une concentration de forces dont Napoléon eut l'idée un moment, et qui eût été facile en Souabe ou en Lombardie, mais qui n'était plus de saison dans les circonstances présentes. Jomini fut adjoint au général Eblé pour procéder à l'établissement des ponts sur la Bérésina et surprendre le passage. Il faillit y rester. Pris d'une fluxion de poitrine et d'une fièvre ardente, il gisait étendu sur la paille dans une des cabanes près des ponts. Le général Eblé, peu content de l'adjonction qu'on lui avait faite d'un général son cadet, et qui n'était pas de son arme, partit sans plus s'inquiéter de lui; d'autres le recueillirent. J'abrége les misères de cette retraite, ces affreuses scènes

« dont le souvenir seul, disait-il, fait dresser les cheveux. » — Berthier écrivait de Kœnigsberg au ministre Clarke, à la date du 27 décembre, pour le prévenir qu'un congé de convalescence de trois mois était accordé à Jomini pour se rendre à Paris. Il aurait bien voulu rester quelques mois dans une ville de Prusse pour se refaire; mais, mandé de nouveau à Paris par Berthier pour y prendre les ordres du ministre sur sa destination ultérieure, il écrivait, dès son arrivée, au duc de Feltre (28 janvier 1813) :

« Rien ne s'opposera à ce que dans deux ou trois mois je reprenne une destination à la grande armée, non pas à l'état-major où il n'y a pas de milieu entre un service que je ne puis supporter, ou des commandements sur les derrières que je n'ambitionne point : je supplierai Votre Excellence de me faire employer dans le corps de Son Altesse le prince vice-roi ou celui du maréchal duc d'Elchingen. Sa Majesté a eu la bonté de me promettre à Kowno, sur les rives de la Vilia, un commandement dans un corps d'armée; c'est là où je puis lui prouver mieux mon zèle et mon dévouement. Je prie Votre Excellence de daigner prendre ma demande en considération et me recommande à sa bienveillance. »

Les dernières rencontres l'avaient remis dans l'esprit de l'Empereur. La campagne de 1813 s'annonce pour lui sous de meilleurs auspices. Le 4 mai, Berthier prévient Clarke que Jomini est envoyé au maréchal Ney pour être chef d'état-major au 3ᵉ corps. Sa brouille avec l'illustre maréchal a cessé; le voilà revenu à la bonne intelligence des belles années. Il va y avoir de grandes choses à faire; Jomini a senti se rallumer tout son zèle: et c'est pourtant cette année 1813 qui va être pour lui l'année critique, l'année fatale!

Je demande pardon de tant insister, mais la vie, la carrière du général Jomini, de «cette perle des officiers d'état-major,» comme je l'entends appeler par un bon juge, est restée pour beaucoup une énigme et un problème. Avec un peu d'attention et de patience, tout lecteur impartial va avoir la clef de cette destinée, qu'on peut dire unique et singulière entre toutes celles de la grande époque. Les hommes qui en valent la peine ne se jugent point d'un coup d'œil ni en un instant; et, comme l'a dit le grand poëte persan Sadi: «Ce n'est qu'en laissant s'écouler un long espace de temps que l'on arrive à connaître à fond la personne qu'on étudie.» Ce devrait être la devise de toute biographie sérieuse.

IV.

Jomini en 1813; chef d'état-major de Ney. — Bataille de Bautzen. — Injustice; affront. — Passe au service de Russie. — Situation difficile; conseils à Dresde, à Leipsick. — Services rendus à la Suisse en 1814.

On aura peut-être remarqué que Jomini, dans sa lettre de janvier 1813 au ministre Clarke, exprimait positivement le désir non plus d'un poste dans l'état-major, mais d'un commandement dans un corps d'armée. Ceci répondait à l'une de ses préoccupations constantes depuis quelques années, et à une objection ouverte ou sous-entendue qu'il rencontrait sans cesse à travers sa route. Il est rare, quand un homme possède un talent supérieur évident, qu'on n'en profite pas pour lui en dénier un autre : cela est de la nature humaine et de tous les temps. Or, Jomini, tacticien et écrivain distingué, devait naturellement être contesté comme militaire pratique et chef de troupe. Il aurait donc tenu avant tout à être mis à même, une bonne fois, de confondre sur ce terrain ses détracteurs. L'ami et le correspondant auprès de qui il s'épanchait pendant sa crise morale de 1810, le baron Monnier, lui avait représenté fort sensément le vrai de sa situation, en la dégageant autant que possible des irritations toutes personnelles qui venaient s'y joindre :

« ... N'accusez cependant personne, lui avait-il dit, des désagréments que vous avez éprouvés : ils étaient inhérents aux circonstances de votre carrière, et il faut bien moins vous en prendre aux hommes qu'à la nature des choses. En effet, il y a à peine quelques années que vous êtes passé d'un service étranger au service de France, où vous avez débuté comme officier supérieur. Peu de temps après, des conseils donnés au maréchal sous les ordres duquel vous étiez, et une manœuvre habile ordonnée presque malgré lui (1), ont contribué à obtenir à l'armée un brillant succès. Ce service est avoué par le maréchal qui l'a reçu, et il est connu et apprécié par l'Empereur; mais seulement quelques généraux, initiés aux secrets des grandes opérations de l'armée, ont entendu parler de ce service et de ceux que vous avez rendus. La foule les ignore tous : elle ne voit en vous qu'un officier qui a des protecteurs puissants, et qui peut accaparer des faveurs que chacun croit lui être dues comme de simples récompenses. Ces jalousies, en offrant un appui à vos ennemis, doivent leur donner souvent la tentation d'agir. Opposez-leur le courage de

(1) Le correspondant de Jomini veut parler, sans doute, de la campagne d'Ulm en 1805, et du mouvement de Ney sur la rive gauche du Danube, maintenu malgré l'intervention de Murat et à travers l'hésitation même de Ney, qui fut un moment ébranlé.

vous résigner à une grande partie des tracasseries dont vous êtes l'objet : elles ne seraient pas aussi fréquentes, si vous vous y montriez moins sensible. Soyez convaincu que rien de tout cela ne peut, à la longue, arrêter votre carrière. Tous les prétextes que la malveillance a fait valoir jusqu'à présent contre vous manqueront à la fois, le jour où vous aurez conduit *en votre nom* une division, une brigade, un corps quelconque à l'ennemi. Alors vous aurez gagné tout à fait vos éperons, vous vous serez naturalisé aux yeux de toute l'armée, et personne n'osera plus vous opposer nulle part que vous n'êtes pas Français. Ce jour n'est pas éloigné, je l'espère, d'après les dispositions que l'Empereur vient de montrer pour vous. »

Cette lettre, qui touche avec justesse des points chatouilleux et délicats, donne envie de mieux connaître quel était ce correspondant si sage, le baron Monnier. Nous y reviendrons.

Quoiqu'il n'eût point un commandement en son nom, comme il avait paru le désirer d'abord, Jomini, replacé ainsi à la tête de l'état-major du maréchal Ney le 4 mai 1813, c'est-à-dire le surlendemain de la bataille de Lutzen et quelques jours avant celle de Bautzen, se retrouvait plus que jamais dans sa sphère et dans son élément, à même de rendre les plus grands services. Il ne tarda pas à le prouver.

Il ne faudrait rien exagérer pourtant. Dans les jours qui précédèrent la bataille de Bautzen, il y avait une incertitude si les forces ennemies se réuniraient ou se diviseraient. Dans ce dernier cas, et si l'armée prussienne s'était séparée des Russes pour se porter sur Berlin, Ney, qui venait d'être chargé du commandement de plusieurs corps d'armée, devait se diriger sur cette capitale. Mais il était peu probable, d'après les règles de la guerre, que les ennemis commissent pareille faute. Dans les ordres imprimés de la *Cor-*

respondance impériale, on n'en voit aucun qui prescrive à Ney de marcher sur Berlin; et il est dit seulement que le maréchal devait toujours se tenir dans une position intermédiaire, à portée de faire ce mouvement et cette pointe si elle était nécessaire, ou de se rabattre du côté de Bautzen, en cas d'affaire, pour tourner l'ennemi. Il est possible pourtant que l'ordre daté de Dresde, le 13 mai au soir, ait paru indiquer plus probablement au maréchal cette direction de Berlin, et que Jomini ait dû alors insister auprès de lui par toutes les raisons stratégiques qui tendaient à la contre-indiquer. Toujours est-ce que l'ordre chiffré apporté au maréchal par un paysan, et qui assignait positivement le rendez-vous de Bautzen, ne fut remis à temps le 19, que parce que Ney ne s'était pas laissé distraire à cette idée d'une pointe sur Berlin et s'était tenu de sa personne dans le rayon des opérations centrales. La dépêche chiffrée prescrivait le même mouvement qu'on exécutait déjà depuis quarante-huit heures. Pendant toute la journée du 21 mai, et tandis que Napoléon livrait sa bataille de front, les forces de Ney furent utilement employées à prendre l'ennemi à revers et à décider la victoire. Les instructions, d'ailleurs, adressées au maréchal pour cette journée de Bautzen avaient été des plus laconiques du côté de Napoléon: rien qu'un simple petit billet au crayon, expédié à huit heures du matin et qui n'avait atteint Ney qu'à dix. Ney et son chef d'état-major avaient dû suppléer à tout, et il n'avait pas tenu à ce dernier que la direction donnée à l'attaque ne fût plus centrale et plus décisive encore. L'ordre primitif, indiqué par Jomini dès le matin sur le terrain même, — terrain qu'il connaissait bien, puisque ç'avait été un des champs de bataille de Frédéric, — était de *marcher droit sur les clochers de Hochkirch* (Haute-Église), le point culminant de tout l'échiquier, d'y faire converger les colonnes pour occuper la chaussée de Wurschen, ce qui eût porté l'effort, en plein, derrière la ligne ennemie entièrement débordée. Le billet au crayon de l'empereur fit dévier l'attaque sur Preititz, un peu trop à droite. Le billet disait d'y être à midi. On suivit la lettre plutôt que l'esprit de cet ordre. On perdit du temps (1). Si le mouvement de Ney s'était opéré tout entier dans le premier sens et avec la vigueur que l'illustre maréchal

---

(1) Il y eut un moment où Ney, battu du canon en flanc dans sa marche, n'y tint pas et fit tête de colonne à droite malgré tout ce que put lui dire Jomini, à qui il ferma la bouche avec ce propos de soldat : « Je n'entends rien à toute votre sac... stratégie; je ne connais qu'une chose, je ne tourne pas le dos au canon. »

avait déployée en tant d'autres rencontres, le résultat de la victoire de Bautzen eût été bien différent : « c'eût été, ni plus ni moins, un mouvement entièrement semblable à celui que Blucher exécuta plus tard contre nous à Waterloo. » La paix, du coup, eût pu être conquise. Mais le soleil avait tourné, le temps des triomphantes journées n'était plus (1).

(1) Jomini a donné plusieurs récits de sa conduite pendant les journées qui précédèrent Bautzen et le jour même de la bataille. Dans sa correspondance avec le baron Monnier, dans celle qu'il eut avec le général Sarrazin, c'est-à-dire dans le feu de la polémique ou l'ardeur de l'apologie, il me paraît avoir outre-passé un peu les termes de l'exactitude, comme lorsqu'il parle d'un ordre précis que Ney aurait reçu de l'Empereur pour se porter sur Berlin, et auquel lui, Jomini, aurait tout fait pour s'opposer. Dans la *Vie politique et militaire de Napoléon*, l'historien rentre dans le vrai et le vraisemblable : « Ney, est-il dit, atta-
« chant trop d'importance au mouvement sur Berlin, était
« prêt (à un moment) à s'y porter de sa personne. » Là eût été la faute, et c'est en cela que Jomini le combattit

L'armistice qui suivit la demi-victoire de Bautzen fut la période fatale pour Jomini et par toutes sortes d'objections que les renseignements et les ordres ultérieurs vinrent tout à fait confirmer. Pour expliquer ces variantes de récit de la part de témoins bien informés et qui se prétendent sincères, n'oublions pas aussi que ces ordres dictés par l'Empereur, et que nous lisons aujourd'hui si nettement dans un livre, n'arrivaient pas tous à point à leur destination ; qu'il y avait des interruptions, des intervalles remplis d'incertitudes, durant lesquels il fallait conjecturer, deviner, commencer à se décider de son chef ; que le major-général Berthier interprétait lui-même un peu les ordres de l'Empereur en les transmettant et les développant, et qu'il avait bien pu, le 13 mai, accentuer davantage encore la possibilité qu'il y aurait pour Ney d'avoir bientôt à faire un *à-gauche* sur Berlin. De là l'anxiété de Ney, ses velléités d'aller en avant, de mettre en mouvement le gros de ses forces, et les objections, les résistances de Jomini qui alla, dit-il, « jusqu'à refuser de signer l'ordre d'un faux mouvement, et jusqu'à rédiger les lettres de manière à devoir être signées par le maréchal lui-même, contre l'usage adopté dans son état-major. » Ce sont là des secrets d'intérieur, et il en est à la guerre comme partout. Entre les pièces officielles émanées d'en haut que nous possédons et la réalité du détail, il s'est passé plus de choses

dans laquelle le drame moral s'agita en lui dans tout son orage (4 juin-16 août 1813). Il nous manque un élément important pour que n'en laisse à soupçonner l'histoire : c'est à la biographie, toutes les fois qu'il y a jour, de les recueillir et de les noter.—Et pour revenir à l'histoire, l'opinion résumée de Jomini sur Ney, qu'il connaissait si bien par son fort et par son faible, est à rechercher. Je crois la trouver dans ce passage de la *Vie politique et militaire de Napoléon* (tome IV, page 424); c'est l'Empereur qui est censé parler : « Ney n'avait d'illumination qu'au milieu des boulets et dans le tumulte du combat : là son coup d'œil, son sang-froid et sa vigueur étaient incomparables; mais il ne savait pas si bien préparer ses opérations dans le silence du cabinet, en étudiant la carte. A l'époque où les armées campaient réunies sous la tente, il eût été le plus grand général de bataille de son siècle, parce qu'il aurait toujours vu l'ennemi en face; de nos jours, où les mouvements compliqués se préparent dans le cabinet, il était sujet à faillir.... » Ailleurs, parlant en son propre nom, Jomini a écrit : « Les qualités qui distinguent un bon général d'arrière-garde ne sont pas communes. Le maréchal Ney était le type de ce que l'on pouvait désirer de plus parfait en ce genre. » C'est qu'en effet, dans ce rôle de général d'arrière-garde, on ne perd pas de vue l'ennemi un seul instant.

en bien juger. Où est la correspondance de Ney avec l'Empereur, et que dit-elle à ce lendemain de Bautzen? Cette correspondance fait lacune. Ney demandait pour son chef d'état-major le grade de général de division. Il serait curieux de savoir en quels termes: le dossier du Dépôt de la guerre est des plus minces pour cette période, et muet sur ce qui nous intéresse. On y voit seulement que le 14 juin 1813, par une lettre écrite de Liegnitz, Jomini réclamait du ministre Clarke sa lettre de service, qu'il n'avait pas encore reçue, comme chef d'état-major du 3e corps. Le 12 juillet seulement cette pièce lui était envoyée. Que se passait-il cependant dans l'état-major du prince Berthier? Nous en sommes réduits aux témoignages produits par Jomini lui-même, et qui peignent en traits ardents son offense, l'injustice dont il se voit victime, et qu'il retourne en tous sens au gré d'une imagination blessée. « Tandis que quelques personnes, lui écrivait-on de Dresde, vous attribuent la présence de vos trois corps d'armée à Wurschen et vantent avec chaleur ce service à l'occasion duquel elles rappellent les autres, l'état-major retentit contre vous des plaintes les plus vives. » Ces plaintes consistaient dans un esprit d'indépendance qui aurait empêché Jomini de faire expédier ses états de situation d'après des modèles qu'on lui avait donnés. Il avait refusé aussi, disait-on, d'employer des officiers sans troupes, qu'on lui avait envoyés de Dresde et qu'il avait renvoyés, les jugeant peu capables : ils avaient déblatéré au retour. Mais le grief principal qu'on alléguait, c'était le retard dans l'envoi des états de situation qu'on dressait tous les quinze jours, et qu'il avait cru pouvoir différer, parce qu'il n'avait pas reçu à temps de la division Souham, toute composée de régiments provisoires, les états nécessaires pour rédiger le sien. On sait quelle importance l'Empereur attachait à ces états de situation; il ne s'endormait jamais sans les lire. Il est probable qu'un soir, ne trouvant pas ceux de Jomini sous la main, il s'était livré à un emportement que Berthier n'avait pris nul soin de calmer. Jomini ne fut donc point promu à un grade supérieur; mais, loin de là, Berthier obtint contre lui un ordre pour lui faire garder les arrêts pendant quelques jours, en se fondant sur la nécessité de tenir les chefs d'état-major des corps dans la dépendance du major général. Une lettre de Jomini, écrite sous le coup de cet affront, nous peindra mieux que tout l'exaltation de sa douleur et de son désespoir :

« (Liegnitz, le 24 juin 1813.) Mon cher Monnier, je viens de recevoir votre lettre du 20; vous devez juger à quel point j'en suis atterré. Le même courrier qui me l'apportait m'a remis l'agréable épître du prince de Neuchâtel. Il ne s'est pas contenté de me mettre aux arrêts, *il m'a fait mettre à l'ordre de l'armée comme remplissant mal mes fonctions*; et, pour donner plus de solennité à cette punition, il me l'envoie par un courrier du cabinet, honneur ordinairement réservé aux princes et aux ambassadeurs, et que je serai obligé de payer à mes frais. Vous voyez, mon cher, que le persécuteur n'a rien négligé pour me faire avaler la ciguë jusqu'à la lie. Il n'a que trop atteint son but. Depuis six heures, une fièvre ardente me dévore!... Envoyé aux arrêts, mis à l'ordre comme un chef d'état-major incapable, après ce que je viens de faire à Bautzen, et au moment où j'attends une promotion pour prix d'une conduite que peu d'officiers auraient osé tenir!!... Ah! mon cher, c'en est fait! jamais je ne supporterai un affront si cruel!... Je me regarderais comme le plus misérable des hommes, si j'étais capable de servir un quart d'heure de plus. Officier étranger, me dévouant à la France et au grand capitaine qui la gouverne, servant l'un et l'autre avec enthousiasme, sans aucun lien ni avantage national, je recevrais pour prix de mon zèle des injures et l'infamie!... Et dans quel temps, grand Dieu! quand l'armée, habituée depuis six ans à un avancement sans exemple, voit de toutes parts des sous-lieutenants devenus rois, et des officiers très-ordinaires devenus généraux en six ans!...

« Ce qu'il y a de plus terrible dans mon affaire, c'est que le misérable état de situation qui en est le prétexte arrivait sans doute à Dresde au moment même où le courrier qui vient de me déshonorer aux yeux de l'armée en partait.

« On dit que le courrier prochain nous apportera les promotions sollicitées par le maréchal. Puisqu'on me signale à l'armée comme un imbécile, il n'est guère probable qu'on me fasse figurer sur ce tableau, et alors ma perte devient inévitable : je ne pourrais jamais supporter cette exclusion. Dans deux jours, je saurai si je suis définitivement condamné; car vous pensez bien que, dans cette horrible position, il s'agit d'être ou de ne pas être (*to be or not to be*) : et si je ne suis rien après un événement comme celui de Bautzen, quel espoir me restera-t-il? Il faut un concours inouï de circonstances pour amener un officier général à rendre un service pareil;

et Dieu sait qu'en dix campagnes je n'en aurai pas d'occasion... »

Vingt jours s'écoulèrent encore avant qu'il eût fait la démarche irrévocable. Il attendait, il hésitait, il espérait toujours; il faisait et refaisait en tous sens à sa manière le monologue de Coriolan prêt à passer aux Volsques. Il ruminait (à travers toutes les dissemblances) le fier et amer souvenir du connétable de Bourbon. Il se croyait plus résolu intérieurement qu'il ne l'était: il eût suffi jusqu'au dernier moment sans doute d'un retour de justice pour l'arrêter et faire rebrousser le cours de ses pensées. Ce n'est que le 13 août, à l'annonce des promotions pour le 15, et en se voyant exclu, qu'il prit le parti suprême, le parti désespéré de changer d'aigles et de passer son Rubicon.

« Ce 13 août 1813. — Enfin, mon cher Monnier, la mesure est comblée : le courrier vient d'arriver avec toutes les promotions ; il n'y en a pas moins de 700 (1) pour notre corps d'armée. Tous ont reçu des signes de satisfaction et de gloire : celui seul qui, au dire du maréchal lui-même, avait le plus contribué à la victoire, est récompensé par les arrêts !... Une fièvre brûlante me consume. Demain, hélas ! j'aurai abandonné des drapeaux ingrats où je n'ai trouvé qu'humiliation, et qui ne sont pas ceux de ma patrie !...

« J'écris une longue épître à l'Empereur pour lui expliquer tous les motifs de ma démarche...

« Je n'ai pas besoin de vous dire où je vais : le souverain généreux qui m'a donné asile en 1810 doit disposer dès aujourd'hui de la dernière goutte de mon sang. Là, du moins, je ne serai ni vexé ni humilié, si jamais je trouve des occasions et une position qui me permettent de rendre des services de l'espèce de ceux que je crois avoir rendus. Je désire que ma lettre à l'Empereur parvienne jusqu'à vous : elle ajoutera, j'en suis sûr, aux regrets que vous pourrez éprouver de notre séparation.

(1) Ailleurs il a dit cinq ou six cents.

« Adieu!... la fièvre me force à vous quitter ; je n'en puis plus. Conservez-moi quelques sentiments de bienveillance. En prononçant ce cruel adieu, mon cœur est oppressé ; il me semble que j'aime plus que jamais le petit nombre d'amis que je laisse en France... »

Il laissait des amis non-seulement dans le civil, tels que celui à qui il écrivait, mais aussi dans le militaire, et de vraiment intimes : je ne citerai que le général Guilleminot.

L'armistice était rompu, ou du moins dénoncé. Les hostilités allaient reprendre le 17. Le 14, Jomini quittait l'armée française et franchissait la ligne ennemie. En arrivant au territoire neutralisé, il rencontra des camps d'infanterie épars sur toute la ligne de la Katzbach, et de l'artillerie séparée de ses attelages et aventurée ainsi sur un front que rien ne couvrait. Ney avait obéi à une confiance chevaleresque. Jomini l'avait averti, dès le 13, qu'il était temps de se mettre à l'abri d'une surprise. Lui-même en partant, il prit sur lui d'ordonner à toutes les compagnies du train d'artillerie de se rassembler au plus tôt, et à la cavalerie légère de faire un mouvement pour couvrir les camps et le quartier général. Ney fut bien étonné tout le premier de voir s'opérer autour de lui ces mouvements et marches qu'il n'avait pas commandés. Ayant ainsi pourvu jusqu'aux derniers instants aux soins de son office, et après s'être mis autant que possible en règle avec le passé, Jomini alla joindre l'empereur Alexandre à Prague. Il n'emportait ni plans à communiquer, ni secrets militaires quelconques; il n'emportait avec lui que son bon sens, son bon conseil, sa justesse de coup d'œil, sa connaissance précise des hommes et des choses. C'était beaucoup trop.

Cette « démarche violente, » comme lui-même la qualifie, coïncidait avec l'arrivée de Moreau au quartier général des Alliés : elles se lièrent et se confondirent dans la pensée des contemporains. Toutefois le cas de Jomini était très distinct, et Napoléon au plus fort de sa colère le reconnut. On a dans la *Correspondance* imprimée la première explosion de cette colère. Quelque pénible qu'il soit d'avoir à transcrire de tels passages, il est impossible de les dissimuler :

« (Au prince Cambacérès. — Bautzen, 16 août 1813.) — L'Autriche nous a déclaré la guerre. L'armistice est dénoncé et les hostilités commencent. Nous sommes en grande manœuvre. Une partie de l'armée russe et prussienne est entrée en Bohème. J'augure bien de la campagne. Moreau est arrivé à l'armée russe. Jomini, chef d'état-major du prince de la Moskowa, a déserté. C'est celui qui a publié quelques volumes sur les campagnes, et que depuis longtemps les Russes pourchassaient. Il a cédé à la corruption. C'est un militaire de peu de valeur; c'est cependant un écrivain qui a saisi quelques idées saines sur la guerre. *Il est Suisse...* »

Et à Maret, le même jour :

« ... Le général Jomini, que vous connaissez, a passé à l'ennemi. »

Et à Clarke, ministre de la guerre :

« (Gœrlitz, 18 août 1813.) — ... Moreau, arrivé à l'armée des Alliés, a ainsi entièrement levé le masque et a pris les armes contre sa patrie. Le général de brigade Jomini, chef de l'état-major du prince de la Moskowa, a déserté à l'ennemi, sans avoir auparavant cessé ses fonctions : il va être jugé, condamné et exécuté par contumace. »

Cette dernière menace n'eut aucun effet; on avait désormais assez d'autres procès à suivre. Et quant au jugement même porté par Napoléon dans sa colère, l'histoire ne l'enregistrera point sans l'avoir discuté. Oui, «les Russes, depuis longtemps, *pourchassaient* Jomini,» c'est-à-dire que l'empereur Alexandre, dès 1810, l'avait apprécié et lui avait témoigné de l'estime. On a beau être un homme de génie, on ne concilie point les autres hommes par la hauteur et par l'injure. La légère menace de Vincennes, en 1810, était au fond une amabilité envers Jomini; c'était une manière de lui dire: «On ne veut à aucun prix que vous nous quittiez.» Mais cette insinuation, qui avait son côté flatteur, aurait pu se présenter dans des termes plus congrus et moins effarouchants. Si Napoléon en personne, et toutes les fois qu'il avait été en contact direct avec Jomini, s'était montré assez bienveillant pour un officier de ce mérite, il l'avait laissé froisser et écraser par ses alentours, par ses séides; et un souverain, surtout quand il est absolu, répond jusqu'à un certain point des injustices et des injures qu'on inflige en son nom à des âmes délicates, et par conséquent sensibles à l'outrage. Cela était vrai du temps de Napoléon Ier; cela reste vrai aujourd'hui.

Napoléon, au moment où il est obligé de se passer de Jomini, fait fi de lui le plus qu'il peut : c'est son droit. Jomini était « un militaire de peu de valeur. » Qu'est-ce à dire, et Napoléon lui a-t-il jamais fourni l'occasion de se montrer militaire dans le sens où il l'entend, et de conduire une brigade à l'ennemi? Jomini, tel que je me le figure alors, assez grand, mince, distingué de physionomie, à la fois vif et réservé sous sa fine moustache brune, n'avait point assurément la mine d'un sabreur; il n'avait pas l'air de vouloir tout pourfendre autour de lui; il était, en son temps, du petit nombre des militaires qui avaient, comme on dit, leur pensée de *derrière*, qui raisonnaient et critiquaient (Saint-Cyr, Dessolle, Haxo, Campredon...). Était-ce une raison pour qu'à l'épreuve il ne sût point conduire une troupe au feu ? Rien ne le prouve. — « Il a publié *quelques volumes* sur les campagnes... Il a saisi *quelques saines idées* sur la guerre. » C'est fort heureux que, même dans le moment le plus irrité, le dédain n'aille point au delà. Mais quelle que soit la distance que mettent les situations entre les hommes, tout cela cesse à la mort et devant la postérité. Jomini, écrivain militaire, n'a pas la grandeur et la simplicité concise de Napoléon ; mais il a, plus que lui, l'étendue, le développement, la méthode, la clarté, la démonstration convaincante et lumineuse. Il est, si je puis dire, un meilleur professeur. Il est « le premier auteur, en aucun temps, qui ait tiré des campagnes des plus grands généraux les vrais principes de guerre et qui les ait exprimés en clair et intelligible langage. » C'est le témoignage que lui rendent à leur tour les généraux américains de la dernière guerre, les tacticiens sortis de l'École de West-Point (1). Il est plus spécialement l'historien et le critique militaire définitif du grand Frédéric : notre École de Saint-Cyr le tient aujourd'hui pour classique à ce titre. Il est l'un de ceux qui seront le plus écoutés et comptés lorsque se fera l'histoire militaire critique définitive du premier Empire et de Napoléon ; car, malgré les larges et admirables pages publiées de nos jours et que nous savons, cette histoire, dépouillée de toute affection et couleur sentimentale quel-

---

(1) Voir dans la Revue américaine, *the Galaxy*, précisément dans le numéro de ce mois de juin (1869), l'article sur le général Jomini par le général Mac Clellan.

conque, dégagée de tout parti pris d'admiration comme de dénigrement, ne me paraît pas écrite encore. Entre Thiers et Charras, il y a lieu à un futur Jomini, qui soit à Napoléon capitaine ce que Jomini a été au grand Frédéric, n'étant occupé ni d'excuser ni d'accuser, ne surfaisant rien, ne diminuant rien, exempt même de patriotisme, mais opposant le pour et le contre au seul point de vue de l'art, et tenant grand compte dans son examen comparatif des documents étrangers.

En résumé, la sortie de l'Empereur contre Jomini, et qui n'est qu'une représaille des plus excusables dans les vingt-quatre heures (il ne pouvait guère en dire moins), ne prouve absolument rien, et n'a pas plus de portée à titre de jugement véritable que tant de paroles courroucées de Napoléon contre les hommes de mérite tels que Malouet et autres, qui se sont vus soudainement maltraités, — exécutés, ou peu s'en faut, — mais qui ne gardent pas moins toute leur valeur devant une postérité indifférente et attentive.

La scène a changé. Jomini va se trouver aux prises avec d'autres difficultés, d'autres obstacles, d'autres intrigues. S'il avait cru, en changeant de camp, trouver la partie plus belle et le jeu plus facile, il aurait vite été détrompé. Arrivé le 16 août à Prague, il reçut de l'Empereur Alexandre l'accueil bienveillant auquel il pouvait s'attendre. Alexandre lui communiqua le plan de campagne qui avait été arrêté pendant l'armistice entre les quatre puissances dans les conférences militaires tenues à Trachenberg. Ce plan consistait à ne pas autrement s'inquiéter de la ligne fortifiée de l'Elbe occupée par Napoléon, à déboucher de la

Bohême en courant sur Leipsick, à prendre Napoléon à revers et à prétendre le couper de ses communications sur le Rhin. C'était le plus hasardeux des plans, une parodie et une singerie des principes de la grande guerre : cette bataille de Leipsick, qu'on voulait livrer deux mois trop tôt à un ennemi tenant l'Elbe, disposant de toutes ses forces et pouvant lui-même couper les Alliés de leur ligne de retraite sur la Bohême, les exposait à des chances terribles, à une véritable catastrophe, s'ils la perdaient. Jomini en démontra tout d'abord la faute et le danger; Moreau l'appuya, et dès le 22 août les trois monarques réunis à Commotau modifiaient leur plan. Dresde devint l'objectif au lieu de Leipsick.

Mais je ne prétends point exposer en détail ce nouvel ordre de services que rendit Jomini à la cause européenne : cela, je l'avoue, me coûterait un peu. Je n'indiquerai que certains traits caractéristiques de sa situation nouvelle.

Quatre jours après son arrivée au quartier général des souverains alliés, Jomini se trouvant à table, en face du roi de Prusse, ce prince lui demanda quelle était la force du corps de Ney. Jomini s'excusa de ne point répondre, et il fut approuvé par l'empereur Alexandre. Ceci rentre dans l'esprit de réserve et de scrupule qu'il s'efforçait de garder jusque dans son changement de drapeau.

Mais, s'il ne se croyait pas en droit de répondre sur la force numérique d'un corps d'armée à lui trop bien connu, il ne se faisait pas faute sans doute de dénoncer en général le fort et le faible de ses nouveaux adversaires. On lui attribua ainsi qu'à Moreau un principe que les Alliés parurent s'être fait dès ce moment, à savoir de combattre le moins possible Napoléon en personne, mais d'attaquer partout ses lieutenants en son absence. Napoléon, au reste, était le premier à en faire la remarque à cette date dans sa *Correspondance* (22 août 1813) : « En général, disait-il, ce qu'il y a de fâcheux dans la position des choses, c'est le peu de confiance qu'ont les généraux en eux-mêmes : les forces de l'ennemi leur paraissent considérables *partout où je ne suis pas.* » Oudinot, Macdonald, Ney, placés à la tête d'armées secondaires, justifièrent trop bien le pronostic dès cette reprise d'armes et furent successivement battus. Les Alliés n'avaient sans doute pas besoin de Jomini pour apprendre cette tactique élémentaire.

Que si parfois dans les commencements on questionnait de trop près Jomini, bien plus souvent encore et là où il avait ouvertement un avis, on l'écoutait peu. Il avait espéré en arrivant trouver l'empereur Alexandre investi d'un pouvoir supérieur et se l'était figuré comme une sorte d'Agamemnon dans la ligue des rois : avoir pour soi la confiance et l'oreille d'Alexandre eût tout simplifié. Il n'en était rien, et dans le fait l'empereur Alexandre ne commandait pas : c'était l'état-major autrichien qui dirigeait l'armée des Alliés ; tout se préparait et se décidait en définitive au quartier général du prince de Schwartzenberg, un quartier général « antimilitaire » s'il en fut. L'Autriche avait un grand général, l'archiduc Charles ; elle se gardait bien de l'employer. Moreau, dès le 21 août, se rencontrant pour la première fois avec Jomini (1), lui exprima

---

(1) Moreau était arrivé à Prague le 16 août peu d'heures avant Jomini, mais Jomini ne se rencontra avec lui pour

son désappointement : « Hélas! mon cher général, nous avons fait tous les deux une sottise; si j'avais pu m'attendre à devenir le conseiller d'un général autrichien, je n'aurais certes pas quitté l'Amérique. » Jomini essaya, nous dit-on, de faire une distinction dans sa réponse et de se montrer plus désintéressé dans la question, mais il n'était pas éloigné de penser de même. Auprès de Schwartzenberg se trouvaient Radetzky, chef d'état-major, Languenau, un émigré saxon. Dès les premières discussions qui s'étaient élevées devant Alexandre, Jomini avait représenté à l'empereur qu'isolé et sans fonctions il lui était fort difficile de juger des affaires et de donner un conseil;

la première fois que le 21, près de Laun. Le baron Fain, dans son *Manuscrit de 1813*, a rapporté (tome II, p. 237), une anecdote tirée des papiers anglais, qui met Moreau et Jomini en présence dès le 16 au soir, une historiette piquante, mais controuvée.

on décida donc de l'attacher officiellement à l'état-major de Schwartzenberg, en lui donnant Toll, général russe, pour adjoint : mais la volonté du puissant autocrate ne parvint jamais à l'accréditer comme il aurait fallu. La première fois que Jomini se présenta au nom de son nouveau souverain à l'état-major autrichien, il fut reçu d'une façon mortifiante et un peu (sauf respect) comme un chien dans un jeu de quilles. Sur le rapport qu'il en revint faire aussitôt à l'empereur Alexandre : « Vous êtes trop vif, lui dit le monarque ; on ne prend pas les mouches avec du vinaigre : il faudra tâcher de raccommoder cela. » Rien ne se raccommoda pourtant, et l'on sut que le premier mot de Languenau à Radetzki avait été : « Il faut enterrer ce Jomini ; sinon, on lui attribuera tout ce que nous ferons de bien. » — Le mauvais vouloir de ce côté et les tracasseries à son égard furent sans trêve et se produisirent dans les moindres détails de service et de la plus mesquine manière, pour son logement, pour l'ordonnance de cavalerie qui lui était nécessaire et qu'on ne lui donnait pas, etc. On avait pris à tâche de le dégoûter.

« L'état-major de Schwartzenberg formait une sorte de comité aulique de campagne, qui avait pour tâche de préparer et d'expédier les ordres après les avoir soumis aux souverains, dont l'entourage formait comme un conseil de révision. C'étaient, on le conçoit, des tiraillements à n'en pas finir... Le prince de Schwartzenberg, brave militaire, d'un caractère doux, liant, modeste, n'était pas l'homme capable de donner l'impulsion à une machine si compliquée ; il se laissait mener par Radetzky et Languenau : l'empereur Alexandre consultait Moreau et Jomini, sans compter Barclay, Wolkonsky, Diebitsch et Toll ; le roi de Prusse avait aussi ses conseillers, et Barclay, influencé par Diebitsch, n'était jamais de l'avis de personne... Mettre d'accord tant d'intérêts et d'avis différents était chose impossible. Ajoutez à cela que l'ambassadeur d'Angleterre, lord Cathcart, se mêlait aussi des opérations (1). »

Le peu d'entente inévitable dans un conseil formé d'autant de têtes, se trahit tout d'abord pour l'attaque de Dresde. Décidée dans le principe, parce qu'on savait Napoléon absent, conseillée par Jomini uniquement dans cette supposition, retardée gratuitement de plus de vingt-quatre heures par le prince de Schwartzenberg, elle eut lieu malgré le retour de Napoléon, et en dépit de tout ce qui devait la faire contremander. Au lieu d'un coup de main vigoureux, qui avait toute chance de réussir, on eut un premier combat sans résultat, engagé par une sorte de malentendu, et suivi le lendemain de l'immense bataille où le gé-

(1) Extrait et combiné de divers passages des écrits de Jomini.

mie de Napoléon ressaisit toute sa supériorité.

Le jour même de la bataille, sans avoir autorité pour rien, mais sur la simple vue des choses et après une reconnaissance qu'il avait faite de son côté comme Moreau du sien, Jomini ouvrit un seul avis, qui était de prendre toutes les masses accumulées au centre, de leur faire changer de front pour les faire tomber de concert avec la droite sur la gauche de Napoléon, qui s'aventurait vers Gruna et Reick entre l'Elbe et une masse de forces supérieures. L'idée, approuvée de tous, n'eut pas même un commencement d'exécution.

« Au reste, a dit Jomini, cette bataille me détrompa de toutes les espérances que j'avais conçues; elle me prouva qu'un homme dans ma position ne devait jamais juger les choses comme il le ferait s'il était maître de commander ; et j'appris là qu'il y avait une grande différence de diriger soi-même l'ensemble d'un état-major dans lequel on prévoit et organise tout, ou à raisonner sans fruit, et sur des données incertaines, de ce que veulent faire les autres. En un mot, je me rappelai la célèbre réponse de Scanderbeg au sultan, qui lui avait demandé son sabre (« Dites à votre maître qu'en lui envoyant le glaive je ne lui ai pas envoyé le bras »); fiction ingénieuse et applicable à tous les militaires qui se trouveront dans le cas de donner leurs idées sur des opérations qu'ils ne dirigeront pas. »

Après la bataille perdue et quand on se décida à la retraite, lorsque, dans la soirée du 27, Jomini vit l'ordre apporté par Toll, — « le brouillon encore tout trempé de pluie (1), » — qui réglait cette retraite jusque derrière l'Eger en quatre ou cinq colonnes, « chacune d'elles ayant son itinéraire tracé pour plusieurs jours, comme une feuille de

(1) La bataille de Dresde se livra sous des torrents de pluie, — le contraire du soleil d'Austerlitz.

route, par étapes, qu'on exécuterait en pleine paix, sans s'inquiéter de ce qui arriverait aux autres colonnes; » à la vue de cette « disposition burlesque, » il n'y put tenir : toute sa bile de censeur éclairé et de critique militaire en fut émue, comme l'eût été celle de Boileau à la vue de quelque énormité de Chapelain; et il s'écria sans crainte d'être entendu : « Quand on fait la guerre comme ça, il vaut mieux s'aller coucher. » L'ambassadeur anglais, lord Cathcart, présent, crut devoir le prendre à part pour lui conseiller de ménager davantage l'amour-propre de ses nouveaux camarades. « Que voulez-vous, milord ? répondit Jomini en s'excusant, quand il y va du sort de l'Europe, de l'honneur de trois grands souverains et de ma propre réputation militaire, il est permis de ne pas peser toutes ses expressions. »

L'empereur Alexandre, dans cette retraite, s'était séparé de l'empereur d'Autriche et du roi de Prusse et se trouvait à Altenberg dans les montagnes avec le prince de Schwartzenberg et le quartier général autrichien. Jomini, dans l'après-midi du 28 (août), ayant jugé nécessaire de faire quelque mouvement de troupes et en ayant parlé à l'empereur Alexandre qui l'approuva, fut chargé d'en porter l'avis au prince généralissime. Celui-ci ou plutôt son état-major s'y refusa formellement. Ces refus auxquels se heurtait Jomini auprès des généraux autrichiens devenaient journaliers. L'occasion lui parut bonne pour remettre sur le tapis l'unité de commandement et pour stimuler l'empereur Alexandre, qui s'en était jusque-là trop aisément dessaisi. Revenant donc de l'état-major autrichien avec sa réponse mortifiante, il ne put s'empêcher de dire à Alexandre : « Je suis vraiment peiné, Sire, du rôle qu'on fait jouer à Votre Majesté. » Le mot était vif et toucha l'épiderme. Alexandre fit un mouvement : « Général, je vous remercie de votre zèle, mais c'est à moi seul d'en juger. » Cette circonstance ne laissa pas de jeter du froid sur la suite des relations de Jomini et de l'empereur Alexandre.

Dans les distributions de récompenses et de décorations qui suivirent les succès de cette première partie de la campagne (septembre 1813), genre de faveur dont on sait que la Russie n'est pas avare, il ne fut compris que pour une décoration infime, — la simple croix de Sainte-Anne au cou : — ce qui avait sa signification désagréable dans sa position jalousée de nouveau venu et d'étranger, en présence surtout des plaques et des grands cordons accordés à ses rivaux. Nous ne cherchions en tout ceci que des leçons stratégiques: il me semble que nous rencontrons insensiblement une leçon morale.

Des affaires de famille, l'arrivée en Allemagne de sa femme et de son fils venant de Suisse par Vienne, occupèrent Jomini pendant tous ce mois de septembre et les premiers jours d'octobre. Cependant il avait rédigé une notice à l'adresse de l'empereur Alexandre pour démontrer l'urgence de faire changer de rôle à l'armée de Silésie commandée par Blucher, qu'il aurait voulu voir rappeler vers Dresde. Blucher aima mieux rester indépendant, et, au lieu de se réunir dans le Sud à la grande armée des souverains, il préféra de s'avancer par le Nord, en liant ses mouvements à ceux de Bernadotte. Le voyage de Jomini à Prague au-devant de sa famille ne l'empêcha point de rejoindre à temps l'empereur de Russie avant les journées de Leipsick. Son rôle de donneur de conseils fut ce qu'on a vu déjà : il était une Cassandre prophétique, qui parlait pour l'acquit de sa conscience et qu'on n'écoutait qu'à demi. Détaché auprès du prince de Schwartzenberg, il fit tout pour le dissuader de porter le premier jour, le 16 octobre, l'armée autrichienne et les réserves russes dans l'espèce d'entonnoir entre deux rivières, la Pleisse et l'Elster, où le gros des forces eût été paralysé. Il convainquit l'empereur de Russie, qui refusa absolument d'y laisser mener ses troupes. Le prince Schwartzenberg ne fit que la moitié de sa faute. Jomini, montant sur le clocher de Gautsch avec deux officiers autrichiens, les prit à témoin de ce qui était à faire dans la terrible partie qui s'engageait sous leurs yeux, et de l'orage qui allait fondre sur leur droite. Il fit tout jusqu'à la fin pour obtenir que Schwartzenberg renonçât à temps à sa fausse manœuvre : il faut reconnaître, si les récits sont exacts, qu'il mit autant d'obstination (et ce n'est pas peu dire) à le tirer de ce cul-de-sac que, lui, généralissime, en mettait à s'y enfoncer.

Après ces journées de Leipsick, lui, l'homme de l'art, il pouvait bien se répéter au sens militaire le mot célèbre que le chancelier Oxenstiern avait dit autrefois au sens politique. «Avec combien peu d'habileté et de sagesse sont donc conduites ces grandes armées qui demeurent pourtant victorieuses et qui changent la face du monde ! »

On a appelé la bataille de Leipsick «la bataille des nations » Ce sont elles en effet, avec toutes les passions et les haines vengeresses accumulées, ce sont elles seules, ardemment accourues de tous les points de l'horizon, qui retournèrent le destin et qui triomphèrent. Mais parmi ceux qui étaient censés présider à la direction suprême, et au cœur de ce quartier général des Alliés en 1813, Jomini avait vu se dévoiler dans toute son étendue le spectacle des vanités, des intrigues et des chétives rivalités humaines. Il avait connu la France, il connaissait maintenant l'Europe.

Ce fut vers ce temps, et d'après l'expérience qu'il acquit à cette nouvelle école, que quelques-unes de ses opinions antérieures en vinrent à se modifier : il avait cru jusque-là avec le monde entier que Napoléon était le seul obstacle à la paix, il commença à entrevoir que cette paix, eût-elle été sincèrement voulue par lui, n'aurait pas été si facile à obtenir en présence d'une telle coalition de haines.

Après Leipsick, Jomini crut devoir se

retirer du quartier général des Alliés; il en demanda, dès Weimar, l'autorisation à l'empereur Alexandre, alléguant « que rien n'arrêterait plus les armées alliées jusqu'au Rhin; que de deux choses l'une : ou que l'on ferait la paix, si l'on se contentait d'avoir assuré l'indépendance des puissances européennes; ou que, si l'on continuait la guerre, on marcherait vers Paris ; que dans ce dernier cas il lui paraissait contre sa conscience d'assister à l'invasion d'un pays qu'il servait encore peu de mois auparavant. » Jomini estimait, à la fin de 1813, que l'invasion de la France serait pour les Alliés une beaucoup plus grosse affaire qu'elle ne le fut réellement : « J'avoue, écrivait-il en 1815, qu'aussitôt qu'il a été question d'attaquer le territoire français mon jugement politique et militaire n'a pas été exempt de prévention, et que j'ai cru qu'il existait un peu plus d'esprit national en France... Est-il besoin, ajoutait-il pour ceux qui lui en faisaient un reproche, de se justifier d'un sentiment de respect pour un Empire que l'on a bien servi et auquel on a vu faire de si grandes choses? »

A partir de ce moment (décembre 1813), il ne songea plus qu'à servir les intérêts de la Suisse, sa patrie, auprès de l'empereur Alexandre. C'est ce qui le fit raccourir au quartier général à Francfort, et de là suivre ce quartier général en France, pour ne quitter de nouveau l'armée qu'à Troyes avant l'entrée à Paris. Mais il ne prit aucune part aux affaires de guerre, et ne fit autre chose que veiller aux intérêts de la Suisse, qui en avait grand besoin. Dès Francfort, il avait stipulé, au nom du czar, avec le prince de Metternich, que la Suisse ne serait pas envahie; mais cette assurance fut vaine. Le comte de Senfft, qui avait quitté le service de Saxe, et qui s'était retiré depuis quelques mois à Lausanne, ayant passé au service de l'Autriche, conseilla la violation du territoire fédéral, pour peu qu'elle fût nécessaire, répondant de la docilité des cantons. Lié avec le parti réactionnaire, il en était simplement l'écho. M. de Senfft fut chargé, à ce moment, par M. de Metternich d'aller *mettre en train* à Berne la restauration aristocratique, et de chauffer une véritable contre-révolution, qui semblait n'attendre, pour éclater, que l'expiration de l'influence française. Le prince de Metternich profitait, pour cette menée déloyale, d'une absence de l'empereur de Russie, qui passait des revues à Carlsruhe, et il jouait au plus fin: «Allons toujours, disait-il à M. de Senfft; après le succès, l'empereur Alexandre me dira que je suis le premier ministre de l'Europe (1). » Il n'en fut rien. L'empereur Alexandre, à son arrivée à Fribourg (en Brisgau), s'était hautement prononcé pour le maintien des droits acquis pendant la révolution helvétique, et en faveur de l'indépendance des cantons de Vaud et d'Argovie. M. de Senfft, qui n'était coupable que d'avoir trop obéi à la pensée confidentielle de M. de Metternich, fut rappelé le 1er janvier 1814. Jomini, en cette conjoncture, avait bien servi sa patrie. Dans le temps, l'honneur de ce qu'il fit alors alla presque tout entier à M. de La Harpe; mais M. de La Harpe, l'ancien gouverneur d'Alexandre et dont l'influence était en effet prépondérante auprès de son ancien élève, M. de La Harpe, qui mena à bonne fin et qui consomma si honorablement en 1815 l'œuvre de la Suisse reconstituée, était

(1) *Mémoires du comte de Senfft,* page 247.

absent dans ces premiers mois, et il n'arriva qu'un peu après au quartier général. Jomini fut présent et actif à l'instant décisif auprès de l'empereur Alexandre.

Les Français, ceux qui n'ont habité que la France, ne savent pas ce que c'est que la Suisse ni qu'un Suisse. Le Suisse a cela de propre et de particulier de rester le même et de son pays à travers toutes les pérégrinations et les nationalités passagères. Qu'il aille en France, en Russie, qu'il entre au service des czars ou des rois, il reste Suisse au fond du cœur: la petite patrie, il ne l'abdique jamais au sein des empires, et au moment critique, à l'heure du péril, il se retrouve patriote suisse comme au premier jour, comme au jour du départ du pays natal, prêt à répondre à son appel et à le servir. Tout vrai Suisse à un ranz éternel au fond du cœur. J'en ai connu de tels, même dans l'ordre civil, témoin le vieux Monnard, caractère antique, longtemps professeur à l'Académie de Lausanne où j'eus l'honneur un moment d'être son collègue, mort professeur à l'Université de Bonn, traducteur et continuateur de l'illustre historien Jean de Muller. Il était resté le même à travers toutes les vicissitudes, les ingratitudes des partis qui, en dernier lieu, l'avaient réduit à l'expatriation et à l'exil,—inflexible et immuable sous ses cheveux blancs. Cet homme d'étude, qui, dans sa jeunesse, avait été précepteur du comte Tanneguy Duchâtel (les Suisses sont volontiers précepteurs dans leur jeunesse), n'avait pas varié une minute au fond du cœur ni faibli dans sa première et vieille trempe helvétique : et quand je pense à cet homme de bien, vétéran des universités, ancien membre de la Diète aux heures difficiles, si modeste de vie, mais intègre et grand par le caractère, je me le figure toujours sous les traits d'un soldat suisse dans les combats, inébranlable dans la mêlée comme à Sempach, la pique ou la hallebarde à la main.

Il faut avoir senti et s'être dit ces choses pour bien comprendre Jomini.

Aussi ses compatriotes lui ont-ils, à la fin, rendu toute justice. M. J. Olivier, en plus d'une page de ses *Études d'histoire nationale,* Monnard même dont je viens de parler dans l'*Histoire* (continuée) *de la Confédération suisse* (1), ont parfaitement défini son rôle. Au quartier général des souverains alliés, pendant toute cette campagne de France, les envoyés des diverses parties de la Suisse arrivaient, s'agitaient et, dans l'in-

(1) Au tome XVIII, p. 278; et Juste Olivier, *Études d'histoire nationale* (Lausanne, 1842), p. 269, 296.

tervalle des combats, plaidaient pour leurs intérêts ou pour leur cause. Le bon droit eut à combattre pied à pied jusqu'au bout ; le parti réactionnaire de Berne y avait son représentant et cherchait un dernier appui auprès de l'Angleterre et de lord Castlereagh. Mais l'empereur Alexandre tenait bon et ne se laissait pas entamer ; M. de La Harpe était désormais à son poste près de son ancien élève, et, comme le dit M. Monnard, « l'opinion de ce prince s'était fortifiée encore dans des entretiens avec un Vaudois, toujours patriote loin de sa patrie, son aide de camp, le baron de Jomini, dont il appréciait non-seulement le génie militaire, mais aussi la haute intelligence politique et le franc parler. » — Nous avons eu, de ce franc parler, assez de preuves en toute rencontre pour n'en pas douter.

Jomini se retrouvera Suisse encore et

fidèle de cœur dans deux *Epîtres* adressées à ses compatriotes en 1822, à l'occasion de quelques phrases légères et malheureuses prononcées à la tribune française, où l'Opposition elle-même avait paru faire bon marché de l'indépendance de la Suisse et de sa considération en Europe. Il profita de la circonstance pour donner à sa patrie d'excellents et de généreux conseils militaires, qu'elle a en partie suivis.

Nous avons traversé la période difficile de la carrière de Jomini. Les cinquante-cinq années qui lui restent encore à vivre lui deviendront de moins en moins pénibles. Le temps lui permit de développer tous ses mérites, et de se montrer de plus en plus sous son vrai jour. Il eut raison, à la longue, de l'envie et des préventions hostiles. L'autorité croissante de son talent et de ses écrits le mirent à sa place et hors de pair.

V.

Ennuis; apologie et polémique. — Travaux historiques; renommée conquise. — Services et carrière du côté de la Russie. — Importance d'action et d'influence par ses écrits. — Autorité classique militaire consacrée.

Les hommes ne se rendent jamais bien compte de leur destinée, tandis qu'ils sont en train de se la faire. Au sortir de ces guerres gigantesques où il n'avait pas même eu la moitié du rôle qu'il ambitionnait, Jomini, malgré le poste élevé qu'il occupait auprès d'un puissant monarque, se disait tout bas que sa carrière était à peu près manquée. Qu'avait-il désiré en effet dans le premier orgueil de la jeunesse? Non pas seulement assister d'une bonne place à ce savant et terrible jeu à combinaisons non limitées qu'on appelle la grande guerre, non pas seulement être appelé à donner en quatre ou cinq occasions des conseils plus ou moins suivis, mais être une bonne fois à même d'appliquer son génie, ses vues, sa manière d'entendre et de diriger les mouvements d'un corps d'armée, être compté en un mot, lui aussi, dans la liste d'honneur des généraux qui ont eu leur journée d'éclat, qui ont combiné et agi, qui ont exécuté ce qu'ils avaient conçu. Art, science et métier, le sang-froid dans l'extrême péril, la liberté du jugement et la fermeté d'action au fort du combat, l'ensemble et le concert des grandes opérations, l'à-propos et le pied à pied de la tactique, il avait rêvé d'unir toutes ces qualités et toutes ces parties; — tout un idéal complet du savant capitaine et du brave. Ce qu'il avait ambitionné jeune, il l'avait désiré derechef et à tout prix en 1813, au moment de sa *démarche* (comme il l'appelait); il s'était flatté alors, même en rabattant beaucoup de ses espérances, de saisir aux cheveux l'occasion telle quelle, de se venger d'un seul coup de ses ennemis et de ses envieux, en montrant du moins en quelque rencontre signalée tout ce qu'il savait et pouvait faire : c'eût été à ses yeux la justification suprême. Au lieu de cela, après toutes sortes de dégoûts et d'ennuis, la lutte terminée, il ne se voyait en position que de demeurer un grand consultant militaire sur le pied de paix, et de redevenir ce qu'il avait été tout d'abord, un écrivain tacticien, ce nom qu'on lui avait jeté si souvent à la tête en manière de raillerie ! Il ne sentait pas assez que ce serait justement là son titre bien suffisant dans l'avenir, son incomparable spécialité et sa gloire. Ils sont rares et par trop aimés du Ciel, ceux à qui il a été accordé d'emblée de donner au monde toute leur mesure : celui qui n'en donne que la moitié, et à la longue, est déjà l'un des heureux et des favorisés.

Ce n'est pas moi pourtant qui lui ferai un reproche d'être resté au fond mécontent de lui; d'avoir eu comme une teinte de tristesse répandue jusqu'à la fin sur ses souvenirs, et, sans regretter précisément ce qu'il avait fait, d'avoir compris qu'il y avait sur cette partie de sa vie sinon une tache, du moins une obscurité qui demandait un éclaircissement. Un de ses premiers soins avec ceux qu'il voyait pour la première fois était de revenir sur le passé, de raconter les événements principaux de sa carrière active, et surtout la crise qui avait décidé de son changement de drapeau. Retz a dit de M. de La Rochefoucauld qu'il avait « un air d'apologie » dans tout son procédé et dans sa personne. On pouvait en dire autant de Jomini. Il sentait tout le premier le besoin d'aller au-devant des objections qu'on n'exprimait pas, de rectifier votre idée à son sujet et, au lieu du Jomini de prévention qu'on se figurait peut-être, d'expliquer le Jomini véritable et réel qu'il était.

Il eut et dut avoir plus d'une polémique, et il eut mainte fois à se défendre. Chatouilleux et prompt, il ne laissait rien passer, à sa connaissance, sans le réfuter. On trouvera, dans la seconde partie de la Notice du colonel Lecomte, la liste aussi complète que possible (et elle est difficile à faire complète) de ces divers opuscules de circonstance, mais qui tous sont d'un extrême intérêt, même historique; il s'y rencontre des faits et des particularités marquées qu'on ne retrouverait pas ailleurs. C'est ainsi qu'il eut à répondre, dès 1815, au général Sarrazin, « de triste mémoire, » lequel, jugeant des autres d'après lui-même, avait supposé que Jomini avait fourni au maréchal Blucher des plans faits pour compromettre l'armée qu'il venait de quitter. La lettre très-verte de Jomini était accompagnée d'un cartel que son contradicteur ne releva point.

Il y eut aussi une *Réplique* adressée au lieu et place du général Jomini, par son frère ayant titre de colonel, à lord Londonderry, qui avait fait les dernières guerres sous le nom de général Stuart. Il avait dit que « la présence de Jomini au quartier général de Schwartzenberg compliquait et embarrassait tout. » Sous la visière du colonel son frère, on sent que c'est Jomini qui répond.

Cette *Réplique* au général Stuart, si l'on y joint un *deuxième Appendice* publié plus tard en réponse à des attaques allemandes, faites au nom du général Toll (car Jomini passa sa vie au moral entre deux feux), définit parfaitement son rôle à l'armée des Alliés en 1813. J'en ai tiré des informations précises.

Dans une Lettre publique adressée à M. Capefigue à l'occasion de certains passages de son *Histoire d'Europe sous l'Empire,* Jomini a résumé en termes élégants et dignes la substance des précédents opuscules (février 1841); mais les curieux et ceux qui aiment les traits pris sur le vif ne sont point dispensés de les lire.

La pièce capitale de son apologie, la *Correspondance avec le baron de Monnier,* publiée en 1819, et de laquelle j'ai extrait tant de passages intéressants, m'a, je l'avoue, fort préoccupé, et il y a quinze jours encore j'inclinais à supposer que le correspondant du général pouvait bien avoir été (moyennant une légère faute typographique) le baron *Mounier*, le spirituel causeur, celui qui est mort pair de France, qui avait été secrétaire du cabinet de Napoléon, et qui me paraissait remplir plusieurs des conditions du correspondant confidentiel. Mais toutes mes conjectures et mes doutes ont dû cesser lorsque j'ai reçu de la fille même (1) du baron de Monnier, mort en octobre 1863 au château de la Vieille-Ferté, dans l'Yonne, l'assurance de sa liaison étroite avec le général Jomini. Le baron de Monnier, attaché au duc de Bassano dans ses divers

---

(1) Mme la comtesse de Tryon-Montalembert.

ministères et son chef de cabinet à la secrétairerie d'État; puis au département des relations extérieures, chargé de l'administration civile de la Lithuanie à Wilna en 1812, était bien celui qui avait mérité l'entière confiance du général, et qui lui transmettait des indications si justes sur l'intérieur de l'état-major impérial et sur les dispositions même de l'Empereur à son égard.

Mais la meilleure réponse que Jomini pût faire à toutes les récriminations exagérées et injustes, à tous les jugements prévenus dont il se sentait l'objet, c'était de continuer résolûment ses grands travaux et de poursuivre, sans se laisser détourner, ses belles études militaires. Je ne puis que signaler brièvement ici son histoire des *Guerres de la Révolution*, qui, ébauchée en 1806 et dans les années suivantes, fut reprise et refondue en 1820 et se déroula dès lors dans une publication continue ne formant pas moins de quinze volumes (1820-1824). C'est un excellent livre, et où la partie politique n'est nullement négligée. Le point de vue auquel se place l'auteur pour juger de la Révolution est celui d'un esprit modéré et judicieux qui, né et élevé dans une république, s'est pourtant dégagé avec les années des maximes démocratiques, mais sans cesser pour cela d'être libéral. Son libéralisme toutefois, qui n'est point précisément celui des libéraux français de cette date, qui est plutôt, ne l'oublions pas, le libéralisme d'un aide de camp d'Alexandre, se rattacherait à l'école gouvernementale éclairée et aux principes d'une bonne monarchie administrative. Sauf un petit nombre d'endroits qui portent la marque du moment où l'ouvrage parut, les jugements de Jomini sur les hommes de la Révolution sont sains et droits, et je dois confesser que je m'en accommode beaucoup mieux que de bien des jugements plus récents mis en circulation et en honneur par des historiens célèbres. On était très-bien placé en 1820, quand on avait un bon esprit, et libre de passions, pour juger des hommes et des choses de notre grande Révolution, dont tant de témoins et d'acteurs principaux étaient encore vivants. On avait leurs entretiens, on avait ses propres souvenirs ; on avait ce je ne sais quoi que rien ne supplée et ne remplace, la tradition toute vive. La quantité de notions plus précises qu'on a pu acquérir depuis par la publication de papiers originaux, le jour qui s'est fait sur bien des événements controversés, toutes ces *révélations*, comme on dit, sont plus que compensées, selon moi, par la fausseté et l'énormité de certains systèmes et sophismes historiques qui ont plus ou moins prévalu, qui pèsent désormais sur l'esprit des générations nouvelles et y font nuage à leur tour, — qui font empêchement et obstacle dans un autre sens à une vue nette de la vérité. Pour arriver à saisir cette vérité, on avait, en 1820, à se dégager de ses impressions partiales, à se mettre au-dessus des passions intéressées et personnelles; on a aujourd'hui à percer tout un voile de préjugés et de partis pris théoriques : c'est une autre forme d'illusions.

Mais, si l'ouvrage de Jomini me semble juste et suffisant sur la politique, il devient supérieur dès que l'histoire militaire commence. Le chapitre IV de l'Introduction (*Coup d'œil sur la constitution des différentes armées européennes à l'époque de la déclaration de guerre en 1792*) est tel que Jomini seul pouvait l'écrire. On sent qu'une fois sur ce terrain on a pour guide un maître. La mise en train des premières campagnes, les tâtonnements et les inexpériences, une opinion motivée sur la valeur de ces premiers généraux improvisés de la République, la mesure exacte et proportionnée de ces hommes tour à tour exaltés ou dépréciés, le compte rendu clair et intelligible de leur marche, de leurs essais, de leurs fautes et de leurs bévues, comme aussi de leurs éclairs de perspicacité stratégique et de talent, toutes ces parties sont rendues dans une narration bien distribuée et lumineuse, sans que le côté militaire devienne jamais trop technique, sans que la considération politique et morale des choses soit oubliée; car ce tacticien éclairé est le premier à reconnaître que « *la guerre est un drame passionné et non une science exacte* (1). » Rien de tranché d'ailleurs ni d'absolu dans la pensée ni dans l'expression : la modération et un esprit d'équité président. Et quand on songe qu'une telle histoire est ainsi continuée d'un cours égal et plein à travers la Convention et le Directoire jusques et y compris l'époque du Consulat et les victoires de Marengo et de Hohenlinden, on appréciera tout ce que Jomini a préparé de matière toute digérée et de besogne, relativement facile, aux historiens de la Révolution qui ont succédé.

Le style de cette histoire est très-convenable; il est généralement sain : la marque *réfugiée* ne s'y fait point ou presque point

---

(1) Voir sur la *Marseillaise* et le *Chant du Départ* ce qu'il dit tome II, page 146, — et aussi tome VI, page 214, un beau résumé de la campagne patriotique de 1794.

sentir (1), et je reprocherais plutôt à l'auteur par moments quelque emphase, quelque recherche d'élégance convenue, trop conforme au goût régnant (le *timon* de l'État, les *trophées* de la victoire, les *bannières* de la philosophie, etc.) En accueillant ces images qui étaient de mise à cette date dans les genres réputés nobles et que paraissait réclamer en particulier la dignité de l'histoire, Jomini ne faisait que suivre le courant public et les exemples d'alentour : il eût fallu de sa part un grand effort d'artiste pour atteindre, en 1820, à la simplicité d'Augustin Thierry ; il lui suffisait, quand il tâchait, d'écrire comme Lacretelle.

La haute impartialité militaire et politique

(1) Au tome XII, page 287, au sujet du décret qui renversa en 1800 le directeur La Harpe et le directoire helvétique, on lit : « Nous sommes autorisé à croire que la réaction qui l'exclut du gouvernement fut *instiguée* par la France. »

qu'il observe dans ses récits ne le laisse pourtant pas toujours indifférent. En toute rencontre, il s'est montré l'adversaire déclaré et convaincu du despotisme maritime qu'exerçait alors l'Angleterre, et si ses vœux qui percent à travers ses récits sont en général pour une liberté raisonnable et pour la stabilité de l'Europe, ils ne sont pas moins vifs et constants pour ce qu'il appelle « l'équilibre maritime et le libre parcours des mers. » En ce sens, la politique de Jomini a pu être qualifiée *antianglaise.*

On a remarqué que la Suisse aussi tient une grande place, et un peu disproportionnée peut-être, dans ce vaste tableau historique : et c'est même par un appel à ses concitoyens suisses qu'il a jugé à propos de le terminer. Jomini en toute occasion se plaît à rappeler (et même au moment où il trace un portrait flatteur de l'empereur Alexandre) qu'il est « Suisse de nation et citoyen d'un pays libre. » Il s'en prévaut pour donner à ses compatriotes des conseils vigoureux et sages. On a remarqué pourtant qu'il penche trop visiblement peut-être pour l'unitarisme en Suisse et pour le ralliement à un centre. . Ceci touche à des questions délicates et actuellement encore brûlantes. Que la Suisse penche plus ou moins vers la fédération ou vers l'unité, ce sont là pour elle des démêlés de famille et où l'on n'a que faire de s'immiscer. Un simple conseil, non plus seulement de patriote, mais d'ami, c'est qu'elle prenne bien garde de conserver à travers tout ses diversités précieuses, image et produit du sol même et des trois races qui en habitent les vallées, les pentes et les replis; c'est qu'elle conserve comme son plus cher trésor et comme sa marque, à elle, toutes ses libertés. Les États modernes sont assez enclins d'eux-mêmes à graviter vers la centralisation, sans qu'on les y pousse.

Nous cherchons aussi l'histoire des pensées et de l'âme de Jomini. Dans le temps où il était occupé à mener à fin son grand ouvrage, de fâcheuses et légères paroles tombées de la tribune française et prononcées par des généraux distingués, membres de l'opposition, tantôt par le général Sébastiani, tantôt par le général Foy, semblaient indiquer qu'il n'y avait plus, de la part des puissances, à compter ni sur la Suisse ni avec la Suisse. Jomini s'en émut et adressa deux *Épîtres à ses Concitoyens* (1822). Quoiqu'il n'y eût pas mis son nom, il ne défendait pas qu'on le devinât; et comment ne pas le deviner tout d'abord quand il disait :

« A les en croire, il suffirait désormais des caprices du Conseil aulique de Vienne ou du comité militaire de Paris, pour qu'un injuste agresseur décidât de l'existence d'une nation de deux millions de braves, qui peut mettre plus de soldats sur pied que Frédéric le Grand n'en avait en montant sur le trône de Prusse.

« Non, Helvétiens! j'en appelle à la noble fierté et au courage de vos ancêtres; vous ne souffrirez jamais un tel outrage! L'esprit de parti a pu vous diviser un instant, mais le sang de Winkelried coule encore dans vos veines...

« Dites-vous bien qu'une nation assez faible pour supporter un attentat contre son territoire est une nation perdue, et qu'il vaut mieux encore succomber avec honneur comme les Bernois en 1798, que d'imiter l'exemple des hommes pusillanimes de 1813. Prouvez à l'Europe que vous êtes pénétrés de cette vérité, et vos voisins de l'Est, aussi bien que ceux de l'Ouest, y regarderont à deux fois avant de violer vos vallées.

« ... Surtout préparez dans votre intérieur les moyens de tenir vos engagements... Pénétrez-vous bien de cette vérité, que, pour s'illustrer par une résistance honorable au siècle où nous vivons, un peuple peu nombreux doit opposer aux armées disciplinées et permanentes le courage du Spartiate.

Apprenez à vos milices à combattre en ligne s'il le faut, ou à se disperser en partisans après une bataille perdue pour reparaître sur des points donnés et y renouveler la lutte. Que vos chefs étudient les dernières guerres et apprennent à combiner leurs marches comme Napoléon, à combattre comme Wellington, ou à guerroyer au besoin comme Bonchamp, d'Elbée, les Vendéens et les Espagnols. »

Et après quelques conseils précis et topiques sur la formation d'un bon état-major, il ajoutait :

« Si, malgré le soin que je mettrai à garder l'anonyme, on parvenait à deviner l'auteur de ces vœux patriotiques, je ne les désavouerai point, et on sera facilement convaincu de leur désintéressement. Destiné par le sort à vivre loin de mes pénates, mon avis n'en est que plus impartial et plus méritoire. Je n'ambitionne rien dans mon pays que l'honneur d'être appelé au jour du danger à commander son avant-garde, dussé-je même subir le sort du respectable général d'Erlach! (1) »

(1) D'Erlach périt en mars 1798, en résistant à l'invasion de l'armée républicaine commandée par Brune.

Ce dernier vœu assez inattendu, ce soudain souhait d'une mort patriotique et guerrière nous ouvre un jour sur l'âme de Jomini, sur sa plaie secrète, sur les ennuis dont il n'était pas venu à bout de triompher, et que nous révèle encore mieux une lettre intime écrite vers la même date. Cette lettre est adressée à l'un de ses amis, négociant et nullement militaire, qu'il avait connu à Paris dans le temps où lui-même était dans les affaires, et qui habitait en dernier lieu Saint-Pétersbourg (1) :

« 16/28 mars 1822. — Mon cher Pangloss, j'ai reçu votre aimable et philosophique épître du 8/20 février, et après l'avoir lue et savourée, je me suis bien demandé lequel de nous deux était le coupable du silence de 900 jours... Vous broyez donc décidément du noir sur les bords de la Newa, et, à vous entendre, il ne faut s'occuper ni du passé ni du pré-

(1) J'en dois la communication à notre collaborateur et ami, M. Kaempfen.

sent ni de l'avenir. Vous connaissez assez la disposition actuelle de mon esprit pour présumer que je ne suis pas bien éloigné de partager votre avis : cependant tire une ode d'Horace, une élégie de Parny (1), quelque morceau d'un éloquent historien tel que Tacite ou Tite-Live, c'est bien s'occuper du passé, et c'est ce que Denys le tyran ne manquerait pas de faire avec quelque plaisir s'il revenait dans ce bas monde.

« Pour moi, mon lot n'est pas si agréable : c'est avec de lourds tacticiens et avec de froides descriptions de combats qui ne ressemblent guère à ceux d'Homère, que je suis forcé de passer tous les instants que je consacre aux événements antérieurs. Si, par hasard, un de ces aimables ou doctes écrivains me tombe sous la patte, je feuillette et admire, mais je le referme aussitôt, pour ne pas me laisser entraîner à une déviation de mes ennuyeux travaux. Mon cadre est tracé, il faut le remplir, et je compte les minutes que la Parque me laisse : à chaque

---

(1) Parny, à cette date, était encore considéré par les hommes de l'école dernière du xviiie siècle, de l'école de Marie-Joseph Chénier, comme un parfait modèle d'élégance, de pureté (pour le goût), et le *Racine de l'Élégie*.

instant je sens ses ciseaux chatouiller le fil (1), et il n'est guère possible, après avoir glissé deux ou trois fois entre ses serres, que je l'évite au prochain tour.

« Vous gémissez autant sur le présent que sur le passé : hélas ! il en est le malheureux fils, et, pour me servir de l'expression allemande qui dit que le temps présent est gros (*enceinte*) de l'avenir, je vous assurerai que, si la progéniture va ainsi en dégénérant, nous ne perdrons pas grand'chose à quitter le monde sans faire connaissance avec elle.

« Quant à moi, je vous déclare que je vis tout entier sur le passé ; les souvenirs seuls me retiennent encore au nombre des vivants. Précipité dans un immense néant, je suis sans appui pour achever ma carrière, je nage dans le vide.

« Ma santé est telle que je ferais un mauvais

---

(1) C'était une disposition habituelle et presque un tic chez Jomini de se croire malade et mourant ; depuis le profond ébranlement de sa santé à la retraite de Russie, il était resté très-délicat et se sentait comme atteint dans son organisation. Ses lettres ne se terminaient presque jamais sans une allusion à sa fin prochaine. Et cela le mena jusqu'à l'âge de quatre-vingt-dix ans.

guerrier, et cependant j'ai besoin de prouver que je fus capable de l'être. — Je ne suis pas comme le renard de la fable qui veut que les raisins soient du verjus parce qu'il ne peut pas y atteindre : je suis au contraire comme un renard à qui l'on donnerait une poularde du Mans dans la gueule, et qui n'aurait ni dents ni gosier pour la croquer.

« Désenchanté de toutes les illusions humaines, je ne désire qu'une retraite que je ne puis pas décemment demander, ayant si peu servi depuis ma démarche; je traînerai donc par reconnaissance et par devoir ma triste carcasse sur le premier champ de bataille où il me sera possible de courir au-devant d'un boulet bienfaiteur. Ce n'est pas la gloire que j'irai chercher, ce n'est pas non plus une maladie morale que j'irai guérir, ce sont des maux physiques et l'ennui d'une position à laquelle je ne puis plus faire honneur, auxquels j'irai mettre un terme (1).

« En attendant, je poursuis l'entreprise qui m'a

---

(1) La maladie dont il se plaint est évidemment plus morale qu'il ne croit. Il a déjà parlé, si l'on s'en souvient, de ce boulet *charitable* qu'il invoque, dans une lettre à M. de Monnier du 15 octobre 1810.

aidé à filer sans ennui ces quatre dernières années. J'ai publié depuis mon retour de 1817 :

« Un *Traité des grandes Opérations militaires* en 3 volumes ;

« Une *Histoire militaire des Guerres de la Révolution* en dix volumes. Les quatre derniers, c'est-à-dire, les tomes VII, VIII, IX, X, viennent de paraître il y a un mois. Les tomes XI et XII sont sous presse, et les XIII et XIV sont sur le chantier.

« Je m'arrêterai là selon toute apparence.

« Si vous lisez tout cela à monsieur de Motschanoff, je vous souhaite bien du plaisir. »

Revenons aux études sévères. — Son *Histoire des Guerres de la Révolution* terminée, Jomini, malgré ses plaintes et cet ennui d'écrire qu'il ne faudrait cependant pas s'exagérer, devait n'avoir qu'une pensée et qu'un désir : continuer son récit et donner l'histoire des guerres de l'Empire. Comment ne pas l'écrire en effet, cette histoire, lui témoin, souffleur en quelques cas, si bien informé et si bon juge? Il aurait eu beau dire le contraire et faire le dédaigneux, il brûlait de reprendre la plume ; les doigts lui démangeaient, on peut l'affirmer. Mais aussi comment traiter librement une pareille histoire, lui officier général russe et aide de camp du souverain? S'il la faisait favorable ou simplement impartiale, ne passerait-il point pour manquer à ses nouveaux devoirs et ne soulèverait-il pas les accusations des militaires antifrançais? Si d'autre part il la faisait sévère et trop peu bienveillante, il ne manquerait pas moins à son passé et au grand capitaine qu'il avait servi. Après y avoir bien songé, il s'en tira par un détour et moyennant une fiction toute littéraire. Et d'abord il garda l'anonyme, — un anonyme assez transparent, il est vrai, — mais enfin il n'attacha point son nom au titre de l'ouvrage ; puis surtout il imagina de mettre toute cette relation sur le compte et dans la bouche de Napoléon lui-même, qui serait censé plaider sa cause aux Champs Élysées au tribunal de César, d'Alexandre et de Frédéric... Une fiction surannée, dira-t-on, imitée et réchauffée de Lucien et de Fontenelle, ou encore une manière de *Dialogue de Sylla et d'Eucrate*, un dialogue ou plutôt un monologue agrandi, démesuré et poussé jusqu'à quatre gros volumes, un bien long discours de 2,186 pages et bien invraisemblable assurément. Qu'importe? Ce défaut si sensible au point de vue littéraire disparaissait pour Jomini auprès des avantages et des facilités que cette fiction lui procurait. Et en effet, par cela seul que Napoléon était censé parler et se raconter lui-même, le ton général était donné, l'histoire devenait alors forcément indulgente ; elle l'était, sous peine de déroger aux convenances premières. Il pouvait d'ailleurs faire faire de temps en temps à l'illustre mort quelques concessions et des aveux de fautes, lui prêter un peu de la sérénité élyséenne et de l'impartialité d'au delà du Styx; et enfin il suffisait de quelques petites notes jetées çà et là au bas des pages pour remettre les choses au vrai point. Mais surtout, moyennant ce tour, l'écrivain militaire en Jomini était satisfait et à l'aise, car il pouvait pleinement exposer et développer les grandes vues et les combinaisons savantes qui avaient en général présidé aux actions de guerre de ce règne entre tous mémorable. Selon l'opinion de Jomini, quoique Napoléon, à partir de 1806, eût commis de grandes fautes militaires, « sa chute néanmoins avait été plutôt le résultat de ses fautes politiques et de ses erreurs comme homme d'État. »

En passant condamnation sur le cadre,

disons vite que dans un genre faux Jomini a montré un talent véritable, même parfois un talent d'écrivain. Il a souvent le ton digne, élevé, et par instants la nuance ingénieuse. Je n'en veux pour preuve que ce portrait de l'empereur Alexandre placé dans la bouche de Napoléon. Qu'on veuille songer à toutes les convenances qu'avait à observer l'auteur. Il fallait faire entendre, sans le dire, qu'Alexandre, sous ses dehors séduisants, était une nature glissante et fuyante, assez peu sûre. Lisez bien ce portrait : sous sa touche flatteuse, il ne dément pas absolument le mot célèbre de Napoléon qu'on ne saurait oublier : *C'est un Grec du Bas-Empire.* Le Napoléon de Jomini s'exprime de la sorte :

« Notre première entrevue eut lieu sur un radeau au milieu du Niémen. En m'abordant, l'empereur Alexandre me dit qu'il n'avait pas moins de griefs contre l'Angleterre que moi. Dans ce cas, lui répondis-je, *la paix est faite;* et nous nous **donnâmes** la main en signe de réconciliation. Nous eûmes ensuite plusieurs autres entrevues à Tilsit, où l'empereur Alexandre vint s'établir. Son extérieur était noble, gracieux et imposant : la vivacité de sa conception me parut grande; il saisissait d'un trait les plus graves questions. Assez semblable en tout à François Ier et à Louis XIV, on peut dire aussi de lui que c'était un roi chevalier... Il a pu entrer dans ma politique de le présenter autrement que je ne l'ai vu : mais il est certain que sa conduite en 1812 et 1813 a été supérieure à ce que j'aurais attendu de lui, bien qu'il m'eût prévenu en sa faveur. Je lui avais reconnu de la facilité, mais je lui croyais de la faiblesse. Au reste, ce n'est pas en ce point seulement que je me trompai sur le caractère de ce prince. La Bruyère même eût été embarrassé de le définir exactement... (*Et plus loin, après les entretiens d'Erfurt :*) Je crus avoir jeté de la poudre aux yeux de mon rival de gloire et de puissance : la suite me prouva qu'il avait été aussi fin que moi. »

Napoléon, obligé de juger lui-même sa campagne de 1812 et de se condamner, se souvient à propos d'un beau mot de Montesquieu : « Les grandes entreprises lointaines périssent par la grandeur même des préparatifs qu'on fait pour en assurer la réussite. »

Un trait fort juste sur Napoléon et qu'ont trop oublié ses détracteurs aussi bien que ses panégyristes, c'est que cette volonté de fer était souvent bien mobile comme celle de tous les joueurs passionnés, et qu'elle remettait souvent ses résolutions ultérieures les plus graves aux chances les plus fortuites. Cela fut surtout vrai dans cette campagne de Russie, où son plan n'eut rien de fixe et où il fit tout dépendre d'une grande victoire présumée au début de la guerre. « Ses idées devaient se développer selon la tournure des événements: *c'était à la fois l'homme le plus décidé et le plus indécis.* » Jomini a glissé ce trait essentiel de caractère dans une note au bas d'une page.

Le plus grand éloge qu'on puisse faire de ce livre, c'est qu'après tout ce qu'on a publié de Napoléon et de ses textes authentiques, il se lit encore avec intérêt, et que les curieux qui sont de loisir trouveront à y apprendre.

Jomini, dans cet ouvrage, s'est donné le plaisir de faire parler sur son propre compte Napoléon et de lui prêter à son sujet les expressions indulgentes qu'il aurait lui-même désirées. Si différents que soient ces termes (tome IV, p. 368) de ceux qu'on a lus dans la *Correspondance* impériale, il n'est pas impossible qu'en dernier lieu Napoléon n'ait en effet porté sur lui un jugement qui se rapprochait de celui-là. Le fait est que la mémoire ou (pour entrer dans la donnée mythologique) que l'Ombre de Napoléon n'a eu à se plaindre d'aucun des écrits de Jomini.

La campagne de Waterloo, qui avait été un peu écourtée et brusquée à la fin de ces quatre volumes, devint pour Jomini l'objet d'une publication à part en 1839; il reprit cette fois la forme vraiment historique et rejeta tout appareil étranger (1). L'auteur, parlant en son nom, n'aborde pas seulement la guerre, il traite aussi la question politique ; il s'y abandonne même sur ce terrain à plus de digressions qu'on n'en trouve dans ses précédents ouvrages ; il y fait de la polémique : c'est un tort et un défaut. Quoi qu'il en soit, le Napoléon de 1815 n'a jamais rencontré de juge plus impartial, plus ouvert, plus disposé à faire la part des mérites comme celle des contre-temps ou des dé-

(1) *Précis politique et militaire de la Campagne de 1815*, une brochure in-8°, 1839.

faillances. On a beaucoup écrit et discuté depuis sur les circonstances qui ont précédé et amené le désastre de Waterloo: on a peu ajouté à ce que Jomini avait tout d'abord vu, et bien vu, de l'ensemble et des détails de cette rapide campagne. Il n'a cessé, en la retraçant, et pour ses divers points de vue, de se placer au quartier général de celui qu'il suivait neuf ans auparavant à Eylau; c'est là qu'il se suppose en idée, et non dans le camp de ses adversaires. On dirait que, pour raconter ce dernier jour de deuil, il a retrouvé son drapeau.

Cependant, ne l'oublions pas, il était au service de la Russie. Il lui avait été permis dès 1817 de se fixer à Paris pour se consacrer à ses travaux de cabinet. Au commencement de 1826 il retourna en Russie pour assister aux obsèques de l'empereur Alexandre et au couronnement de l'empereur

Nicolas. Ce souverain lui témoigna la même confiance que son prédécesseur et le consulta sur toutes les réformes militaires qu'il projetait.

L'une des plus importantes fut celle de la défense de l'empire russe par les forteresses. — Et ici je n'indiquerai que l'indispensable, mais je le ferai d'après les guides les plus sûrs. — Jomini s'efforça de prouver la fausseté du système qui prévalait encore, et qui consistait à placer un réseau de forteresses sur les frontières comme autant de boucliers destinés à repousser une invasion de l'ennemi. Il démontra que ce système, bon au temps de Louis XIV, avait été renversé par Frédéric et Napoléon qui faisaient la chasse aux armées actives et s'inquiétaient peu de forteresses. Celles-ci tombaient d'elles-mêmes lorsque ces armées étaient battues, et elles n'avaient par conséquent d'autre effet que de les affaiblir par la nécessité des garnisons. Jomini proposait de se borner à choisir avec soin, en arrière des frontières, quelques points stratégiques et de les fortifier comme points d'appui, de ravitaillement et de refuge, pour les armées actives.

Ces idées, qui se fondaient sur les plus saines notions de l'art moderne, ne prévalurent pas entièrement. Comme toujours on s'arrêta à un terme moyen; on n'abandonna pas le système des forteresses extérieures, mais on adopta en outre celui des forteresses intérieures sur des points habilement déterminés.

Chose étrange! Jomini, dans son zèle infatigable pour la vérité stratégique, fut appelé à énoncer les mêmes principes à propos de la Belgique, où il s'était retiré après la révolution de 1848. Des officiers instruits et capables (et l'armée belge en compte de fort distingués) soulevèrent la question de l'abandon et de la démolition de la fameuse ceinture de forteresses érigées en 1815 comme un boulevard contre la France et qui n'avait d'autre résultat que de mettre la Belgique dans l'impossibilité de se défendre. Jomini était d'avis de concentrer la défense sur un seul point intérieur ; mais là encore on ne suivit qu'à moitié son avis : il eût préféré le choix de Bruxelles comme point central et siége du gouvernement et de l'administration. Des raisons de politique extérieure et d'alliance anglaise firent alors prévaloir le choix d'Anvers comme une tête de pont qui permît à l'Angleterre de venir, en cas de péril, au secours de sa protégée. Fit-on bien ? fit-on mal ? Question toujours pendante... Mais ceci s'écarte de notre sujet.

Une guerre, qui couvait depuis plusieurs années, éclata en 1828 entre la Russie et la Turquie. Jomini s'empressa naturellement d'aller offrir ses services à l'empereur Nicolas; il fit auprès de lui la campagne de 1828. Rien n'a été publié sur la part qu'il y a prise. Je ne crois pas me tromper en disant que l'empereur, dès la déclaration des hostilités, lui avait demandé son plan: Jomini avait répondu que, pour faire un tel plan et savoir jusqu'où l'on pouvait s'engager au delà du Danube, il fallait savoir où l'on en était avec l'Autriche et la Prusse; qu'autrement c'était une souricière. L'empereur Nicolas le rassura; mais la suite répondit peu à cette espérance politique trop confiante. Jomini eut là son rôle éternel de consultant militaire non repoussé, non entièrement écouté. On sait seulement qu'au siége de Varna, après l'assaut donné, les Russes se trouvèrent en présence d'une seconde ligne de fortifications dont ils ignoraient l'existence ; mais une poignée de soldats de marine, ayant escaladé l'obstacle, traversèrent toute la ville et se firent massacrer jusqu'au dernier. Cet acte de vigueur frappa vivement et consterna, paraît-il, les Turcs. Jomini fut d'avis de profiter de ce moment d'effroi pour imposer une capitulation : il rappela l'exemple de la sommation adressée à Mack dans Ulm vingt-trois ans auparavant. L'avis fut adopté, et la sommation rédigée presque dans les mêmes termes : elle eut un plein succès. Mais ne disons rien de plus que ce que nous savons (1).

(1) Je cherche trace de ce que je viens de raconter dans l'histoire des *Campagnes des Russes dans la Turquie d'Europe en 1828 et 1829,* par le baron de Moltke ; j'y vois seulement que la brusque soumission du commandant Joussouf-Pacha et les motifs qui la déterminèrent ont prêté dans le temps à beaucoup de conjectures. L'expli-

Cette campagne, en confirmant Jomini dans son renom déjà établi d'officier d'état-major du meilleur conseil, lui laissa encore le regret de n'avoir pu une seule fois dans sa carrière se dessiner hautement comme homme d'action.

De retour à Saint-Pétersbourg, il reprit ses studieux travaux. Ce fut sur son initiative que l'on créa l'Académie militaire. Jomini devait en être le président; mais les larges vues qu'il y apportait heurtaient les idées qui prévalaient alors. On redoutait par-dessus tout l'esprit révolutionnaire, et l'on n'aimait pas les baïonnettes intelligentes. Les projets rédigés par Jomini furent donc peu à peu altérés dans leur esprit, au point que l'exécution dut en être remise à d'autres. Mais aujourd'hui, sous le règne

cation émanée de Jomini donne-t-elle la clef du problème?

plus éclairé et libéral (au point de vue russe) de l'empereur Alexandre II, on est revenu à l'idée première qui présida à cette institution destinée à créer une pépinière d'officiers instruits et capables. L'Académie a placé le portrait du général Jomini dans une des salles de l'établissement, comme l'un de ses fondateurs.

Quand on vit assez longtemps, la postérité se fait peu à peu autour de celui qui le mérite. C'est ainsi que dans son pays natal, où Jomini était loin d'avoir toujours été prophète, le Conseil d'État du canton de Vaud décida à son tour que le portrait de son illustre concitoyen serait placé au musée de Lausanne ; et ce portrait s'y voit aujourd'hui, de la main de l'excellent et généreux peintre Gleyre.

En 1837, Jomini fut appelé par les ordres de l'empereur Nicolas à diriger les études stratégiques du grand-duc héritier, actuellement régnant. Ce fut dans ce but qu'il rédigea son *Tableau analytique des principales Combinaisons de la Guerre et de leurs rapports avec la Politique des États*, qui est devenu dans les éditions suivantes le *Précis de l'Art de la Guerre* (2 vol.), un résumé condensé de tous les principes posés et démontrés dans ses divers ouvrages. Ce Traité est la quintessence de l'art militaire; il en restera la base permanente.

Si je ne commençais (et les lecteurs sans doute eux-mêmes) à sentir vivement le besoin de finir et de conclure, je n'aurais pas de peine à montrer que les deux tiers de ce Traité sont à la portée de tous les lecteurs, même les moins guerriers et les plus civils; qu'ils sont à lire et à consulter pour la quantité de résultats historiques et de faits curieux qu'ils renferment. Il en est que Jomini raconte d'original et qu'il doit à son expérience personnelle, comme par exemple, au chapitre des *Guerres nationales*, les deux faits qui se rapportent au temps où il était chef d'état-major de Ney en Espagne, et qui prouvent que les conditions habituelles de la guerre sont tout à fait changées et les précautions ordinaires en défaut, quand on a tout un pays contre soi (1).

Dans son rôle spécial de général russe, Jomini rédigea en particulier une série d'études sur toutes les hypothèses de guerre possibles pour la Russie. Cet ouvrage est resté secret.

L'année 1854 le trouva retiré à Bruxelles,

---

(1) Au tome Ier, p. 77. — Je recommande aussi au tome II, page 169, le passage où il est dit que Napoléon était lui-même son vrai chef d'état-major, et ce qui est à l'adresse de Berthier, p. 173-175.

où il résidait depuis 1848. Malgré son âge et ses infirmités, il suivait avec une vive attention tous les faits contemporains. La crise qui s'annonçait lui causa de grandes préoccupations. Une rupture entre la Russie et la France était l'événement qui pouvait l'affecter le plus; car une entente entre la France et la Russie a été jusqu'à la fin le plus caressé de ses vœux et de ses rêves. Quoiqu'il eût trop d'expérience pour s'attribuer le rôle de prophète, qui ne sied guère qu'aux ignorants, il avait jugé, dès le début, que le véritable objectif de la guerre serait Sébastopol, et il l'écrivit à Pétersbourg dès le mois de mars 1854, avant même que la guerre fût déclarée.

Toutefois, il lui fut impossible de rester spectateur inactif de la lutte qui allait s'engager. Bien qu'il eût un congé illimité, il crut devoir spontanément se rendre à Saint-

Pétersbourg afin de mettre le reste de ses forces et de sa vie au service de la Russie. Son rôle durant cette grande crise fut, comme toujours, celui de conseiller pas toujours écouté. — Les divers mémoires secrets qu'il soumit à l'empereur Nicolas sont ensevelis dans les archives du ministère de la guerre russe.

A la conclusion de la paix, le général Jomini se retira à Paris, qu'il ne quitta plus. Habitant volontiers dans ses souvenirs, en même temps qu'il suivait toujours de son regard le plus attentif les progrès de la science militaire et l'application des principes qu'il avait posés, ses dernières œuvres furent un *Précis inédit* des campagnes de 1812, 1813, 1814, et quelques brochures sur des questions militaires spéciales. La plus récente est celle que lui suggéra la guerre de 1866, où, tout en reconnaissant la valeur des armes perfectionnées, il s'élève contre l'importance excessive qu'on serait tenté de leur attribuer. Il maintenait les grands principes stratégiques, sans se dissimuler toutefois que les chemins de fer avaient apporté un élément tout nouveau et imprévu dans les opérations des armées. Son esprit toujours lucide et présent se posait le problème sous sa forme renouvelée; on sentait qu'il eût aimé à le reprendre et à le discuter à fond (1).

(1) Je ne crois pas m'écarter de la pensée de Jomini en signalant deux ouvrages publiés sur ce sujet de la guerre de 1866, et dus l'un et l'autre à des écrivains militaires qui étaient de sa familiarité et de son école : le premier et de beaucoup le plus considérable, qui a pour titre : *Guerre de la Prusse et de l'Italie contre l'Autriche et la Confédération germanique en 1866 : Relation historique et critique*, par le colonel fédéral Lecomte (2 vol. 1868); — et l'autre écrit plus court et en forme de discussion, intitulé : *La Guerre de 1866,* par le major belge Vandevelde (1 vol. de 211 pag., 1869). On pourra

Les deux volumes qu'il avait fait imprimer et tirer à petit nombre sur les campagnes de 1812, 1813 et 1814, n'ont point paru ; le peu d'exemplaires qu'il avait confiés à des amis (il m'en avait promis un à moi-même) ont été retirés. On m'assure que par suite d'une volonté dernière ils ne seront publiés que dans dix ans. Ce que je puis dire, c'est que Jomini paraissait tenir beaucoup à ce *Précis inédit,* qui devait présenter la relation complète et dernière de ses propres années les plus critiques et les plus combattues. La piété d'un fils ne saurait dérober longtemps ce précieux legs à l'histoire.

Dans sa charmante retraite de Passy, il était intéressant à visiter : il aimait la con-

s'y faire une idée très-approximative de la manière dont Jomini appréciait les derniers événements en eux-mêmes et dans leurs conséquences relatives à l'art de la guerre.

versation, et bien qu'un cornet acoustique fût nécessaire, il suffisait d'y jeter quelques mots pour amener sur ses lèvres des récits vivants et où l'âge ne se faisait sentir que par plus d'à-propos et d'expérience. Deux affections de famille représentaient assez bien la double politique qu'il eût aimé à concilier. L'une de ses filles, mariée en France à un officier supérieur du génie (1), le rattachait à nous, et d'autre part il était fier d'un fils digne de lui dans sa diversité de mérite, et qui remplit depuis plusieurs années un poste élevé au département des affaires étrangères à Saint-Pétersbourg.

Il s'éteignit le 22 mars 1869, à l'âge de quatre-vingt-dix ans accomplis: il fut enterré le 25 à Passy, selon le rit de l'Église réformée. Le colonel fédéral Huber-Saladin,

---

(1) M. le colonel de Courville.

en quelques paroles émues et touchantes, lui envoya le suprême adieu de la patrie helvétique. Le colonel Lecomte a donné depuis une seconde édition de son *Esquisse* biographique, à laquelle il a ajouté quelques pages qui complètent le tableau des dernières années de Jomini.

Qu'ai-je voulu, qu'ai-je cherché à mon tour dans ce long travail qui s'est étendu sous ma plume au delà de ce que je présumais d'abord? Étudier sans doute en elle-même une physionomie militaire distinguée et singulière en son genre, un personnage plus cité que connu; traverser avec lui la grande époque, la traverser au cœur par une ligne directe, rapide et brisée, par un tracé imprévu et fécond en perspectives; recueillir chemin faisant des traits de lumière sur quelques-uns des grands faits d'armes et des événements historiques auxquels il avait pris part ou assisté. J'ai voulu tout cela sans doute, et aussi payer un tribut personnel à la mémoire d'un homme bienveillant, dont les entretiens m'avaient beaucoup appris. Mais j'ai songé, en parlant si à fond de lui, à autre chose encore ; j'ai tenu surtout, en découvrant sincèrement sa vie et ses pensées, en y introduisant si avant le lecteur, à détruire un préjugé à son égard, à faire tomber une prévention (s'il en existait) dans l'esprit de notre jeunesse militaire française. Un auteur de ce mérite, dont les écrits sont classiques, dont les livres sont entre les mains de tout officier qui étudie et pense ; un maître qui a donné les meilleures leçons pour régler autant que possible et soumettre à la raison, pour préciser, diriger, pour accélérer et par conséquent pour diminuer la guerre, pour la faire ressembler le moins qu'il se peut (et c'est de plus en plus difficile) à une œuvre d'extermination et de carnage, un tel maître, — le *Malherbe du genre* (1), — ne saurait garder de l'odieux sur son nom, ni même laisser de lui comme caractère une idée obscure et louche. J'ai donc tâché d'y apporter toute lumière et, sans rien voiler, rien qu'en exposant, de faire en sorte que tous ceux qui sont et seront plus ou moins ses disciples puissent l'apprécier, le voir tel qu'il était en effet, le bien comprendre dans ses vicissitudes de sentiments et de destinée, le plaindre, l'excuser s'il le faut, pour tout ce qu'il a dû souffrir, l'aborder, l'entendre, le connaître enfin de près et comme il sied, d'homme à homme, et peut-être l'affectionner. — Di-

(1) Je vois qu'on l'a défini encore heureusement « le Monge de la stratégie. ».

rai-je en finissant toute ma pensée? j'ai cru possible de montrer et de faire accepter son portrait vu de la France.

Mai, — juin, — juillet 1869.

Cette Étude sur Jomini, qui se compose de cinq articles publiés dans le journal *le Temps,* a eu la faveur d'être reproduite dans plusieurs journaux suisses : par la *Revue militaire suisse,* recueil spécial des plus estimés; par *le Démocrate* de Payerne, lieu de naissance du général; enfin par le *Journal de Genève.* Le colonel Lecomte, à cette occasion, a cru devoir adresser à ce dernier journal quelques observations relatives aux articles mêmes, et il l'a fait avec la courtoisie la plus flatteuse pour leur auteur. J'ai profité dans cette réimpression de quelques remarques qu'il m'avait déjà adressées personnellement. Si je ne reproduis point ici les lettres qui ont paru dans le *Journal de Genève,* nos des 28 août, 1er et 2 septembre 1869, j'indiquerai du moins les points sur lesquels portent ces observations et ces légers dissentiments.

Le colonel pense, après examen et discussion des lettres de la *Correspondance* de Napoléon à la date de septembre 1806, que la désignation de Bamberg comme lieu de concentration des troupes pour l'entrée en campagne et comme clef des prochaines opérations stratégiques n'était pas si clairement désigné que je l'ai cru, et que par conséquent, dans la conversation qu'il eut avec Jomini le 28 septembre, à Mayence, l'Empereur put très-bien en effet lui recommander de n'en dire mot à personne, *pas même à Berthier*.

De même pour les mouvements du maréchal Ney dans la seconde quinzaine de mai 1813, dans les jours qui précédèrent la bataille de Bautzen, le colonel Lecomte, en discutant la *Correspondance* impériale, y signale des lacunes et s'attache à montrer d'ailleurs que, même avec les éléments qu'on a, il y a tout à fait lieu et moyen d'attribuer à l'influence directe de Jomini le changement de résolution qui détourna le maréchal Ney de faire front vers Berlin pour se rabattre sur Bautzen. Dans l'un et l'autre cas, je lui ai paru trop hésitant sur la rigoureuse exactitude du récit oral et un peu trop sceptique.

Les autres points discutés dans les lettres du colonel sont plus particuliers et intéressent surtout les rapports de Jomini avec la Suisse.

TABLE DES CHAPITRES.

I.

Pages

Considérations sur la guerre. — La critique après l'art. — Singuliers débuts de Jomini. — Première carrière en Suisse. — Retour en France; camp de Boulogne. — Campagne d'Ulm. — Jomini envoyé à Napoléon; son *Traité de grande Tactique*.. . . . 1

II.

Protection de Ney. — Aversion de Berthier. — Entretien avec Napoléon à Mayence. — Jomini attaché au quartier général de l'Empereur. — Campagne d'Iéna. — Mémoire politico-militaire. — Campagne de Pologne. — Jomini à Eylau 38

III.

Mauvais vouloir de Berthier. — Jomini chef d'état-major de Ney. — Guerre d'Espagne. — Jomini envoyé à Napoléon après Wagram. — Il perd l'appui de Ney. — Démêlé avec Berthier. — Retraite en Suisse; premières liaisons avec la Russie. — Raccommodement; Jomini, général de brigade. — Retraite de Russie............... 85

IV.

Jomini en 1813; chef d'état-major de Ney. — Bataille de Bautzen. — Injustice; affront. — Passe au service de Russie. — Situation difficile; conseils à Dresde, à Leipsick. — Services rendus à la Suisse en 1814................... 129

V.

Ennuis; apologie et polémique. — Travaux historiques; renommée conquise. — Services et carrière du côté de la Russie. — Importance d'action et d'influence par ses écrits. — Autorité classique militaire consacrée.............. 183